घर अकेला हो गया

घर अकेला हो गया

मुनव्वर राना

वाणी प्रकाशन

वाणी प्रकाशन
4695, 21-ए, दरियागंज, नयी दिल्ली 110 002
फ़ोन : +91 11 23273167 फ़ैक्स : +91 11 23275710
शाखाएँ
अशोक राजपथ, पटना 800 004, बिहार
कॉफ़ी हाउस कैम्पस, महात्मा गांधी मार्ग, इलाहाबाद 211 001, उत्तर प्रदेश
महात्मा गांधी अन्तरराष्ट्रीय हिन्दी विश्वविद्यालय, वर्धा 442 001, महाराष्ट्र
सुल्तानिया रोड, मोतिया पार्क, भोपाल 462 001, मध्य प्रदेश
www.vaniprakashan.com
marketing@vaniprakashan.in
sales@vaniprakashan.in

GHAR AKELA HO GAYA
by Munawwar Rana

ISBN : 978-81-8143-978-9
Ghazals

संस्करण 2008, 2010, 2014, 2015
आवृत्ति 2020

मूल्य : ₹ 125

सिटी प्रेस, दिल्ली-110 095 में मुद्रित

वाणी प्रकाशन का लोगो मक़बूल फ़िदा हुसेन की कूची से

शायरी से मुहब्बत करने वाले
हर आदमी के नाम

ऐसा लगता है कि जैसे ख़त्म मेला हो गया,
उड़ गयी आँगन से चिड़ियाँ घर अकेला हो गया

अनुक्रम

ग़ज़लें

हम अपने गाँव की गलियों में सावन छोड़ आये हैं

अपने अन्दर की वीरानी पर ख़ुशरंग फूल-पत्तियों की नक़ाब को हरियाली कहते हैं। मेरे घर के छोटे-से बाग़ीचे में भी बहुत हरियाली है। पुराने ज़ख़्मों को हरा रखने के लिए माज़ी के मुर्दा जिस्म में बराबर सुइयाँ चुभोनी पड़ती हैं। घर के बाग़ीचे भी अपने आपको तरो-ताज़ा रखने के लिए चिड़ियों, तेज़ हवाओं और बच्चों को शरारतें तक करने की इजाज़त देते रहते है। सीमेंट के गमले और दर-ओ-दीवार, कैक्टस की क़तारें, ख़ुशबू से ख़ाली गुलाब, तहज़ीब से उगी हुई घास, तरतीब से साँप-सीढ़ी बनाती बेलें – एक घर में रहते हुए लोगों के दिलों में फ़ासलों की फ़सल बो देती हैं। कभी-कभी लॉन की हरियाली में हिस्सा लेते हुए फूल भी लड़कियों के नसीब की तरह लगते हैं। शाख़ों से अलग होने के दुख-सुख और अंजाम से नावाक़िफ़, मगर ये फूल खिलते ज़रूर हैं कि यही फ़ितरत का तक़ाज़ा है, मौत ही ज़िन्दगी के एहसास का नाम है, दर्द ही दिल की मौजूदगी का गवाह है।

उत्तर प्रदेश के कई बड़े शहरों से घिरा, कई तारीख़ी क़स्बात को अपने सीने से लगाये, अपने चेहरे पर बंजर और ज़रख़ेज़ मिट्टी मले हुए गंगा जी के कछार में सई नदी के किनारे रायबरेली आबाद है। अदबी तौर पर बेइन्तिहा मालामाल यह शहर सियासी तौर पर भी बहुत होशियार है। इस शहर में सियासत इक़्तिदार का नाम नहीं है, बल्कि सूझ-बूझ का नाम है। कुछ शहर अपने जुग़्राफ़िये की हिफ़ाज़त में इतने मसरूफ़ रहते हैं कि तारीख़ उन्हें भूलने लगती है। दरअसल तारीख़ लिखने वालों को यह अन्दाज़ा ही नहीं हो पाता कि वे डायरी नहीं, दस्तावेज़ लिख रहे हैं।

उनकी एक मामूली-सी ग़लती शहर को खण्डहर में, इबादतगाहों को मैदान-ए-जंग में और इन्सानी जिस्मों को गोश्त की दुकान पर सजी मुर्दा भेड़-बकरियों में तब्दील कर देती है।

इसी शहर के एक क़दीम मुहल्ले में मेरा घर है। मेरा आबाई घर, जिसकी पुरानी बुनियादों पर जब नयी ईंटों ने अपना सर रखा तो घरवालों ने मेरी एक क़िताब का नाम भी उसके हवाले कर दिया जिसकी निस्बत से मेरा घर भी 'ग़ज़ल गाँव' कहलाने लगा। ग़रीब घर में पैदा होने वाले बच्चे का कोई नाम नहीं रखा जाता, क्योंकि नाम कुछ भी रख दिया जाये, दुनिया उस बच्चे को उसी नाम से पुकारती और पहचानती है जो ग़ुरबत उसकी पेशानी पर लिख देती है :

ज़िन्दगी चाहे गदागर ही बना कर रख दे
ऐ मेरी माँ, तू मेरा नाम सिकन्दर रख दे

'ग़ज़ल गाँव' पुराने हिन्दुस्तान के एक मुहल्ले का छोटा-सा घर है जिसका नये हिन्दुस्तान से सिर्फ़ इतना ही ताल्लुक़ है कि बिजली और टेलीफ़ोन के तारों के फैलाव ने कौवों, कबूतरों और चिड़ियों को कुछ देर आराम करने के लिए नयी चौकियाँ अता कर दी हैं। अभी तक यह इलाक़ा नये ज़माने की ख़ुदग़र्ज़ियों से ज़्यादा मैला नहीं हुआ है, लेकिन फिर भी बिजली के तारों से चलने वाले रेफ़्रिजरेटरों ने इन्सान के दिलों से सख़ावत, फ़य्याज़ी, दरियादिली और ग़रीब-परवरी के जज़्बे को छीन लिया है। अब रोटी की डलिया परिन्दों की पहुँच से बाहर होती जा रही है। गुलाब चेहरा सुराहियों और घड़ों से चिड़ियों और कबूतरों की इजारेदारी ख़त्म होने लगी है। टेलीविज़न इन्सानों को कमरों में क़ैद करने की कोशिश में लगा हुआ है। सियासत रोज़ नये लिबासों में मुहल्ले की गर्दिश में मसरूफ़ रहती है, लेकिन कई सदियों की मुहब्बतें, कई ख़ुशगवार रिश्तों की ज़ंजीरें और एक-दूसरे के ग़म में पलकें भिगोने की रस्म वहाँ अभी तक बाक़ी है। शायद इसलिए मेरे मुहल्ले में अभी तक मज़हब सियासत के लिए नहीं, सिर्फ़ इबादत के लिए इस्तेमाल होता है। ग़ुरबत चोचलों से पनाह माँगती है। वह किसी भी पत्थर में भगवान ढूँढ लेती है, किसी भी

अँगोछे को जानमाज़ बना लेती है।

'ग़ज़ल गाँव' की निस्बत से इस क़दीम मुहल्ले में हर मज़हब के लोग आबाद हैं। ज़्यादा आबादी उसी बिरादरी की है, जिसे अशरफ़ुल मख़लूक़ात कहा जाता है। घर के क़रीब ही औरंगज़ेब की बनवायी एक मस्जिद है जो 'आलमगीरी मस्जिद' के नाम से मशहूर है। मेरे बुज़ुर्ग इसी मस्जिद में इमामत करते थे और एक मदरसे में दीनी और दुनियावी तालीम देते थे। मेरे बड़े अब्बा के बाद से उस मस्जिद में नमाज़ पढ़ाने वाले हज़रात मेरे ख़ानदान के लोग नहीं हैं। मदरसा भी दादा के इन्तक़ाल के बाद तक़रीबन उजड़ गया, क्योंकि पहले तालीम इन्सान बनने के लिए हासिल की जाती थी, अब इसका मक़सद अफ़सर बनने के लिए होता है। पहले चारागरी ख़िदमते-ख़ल्क़ के लिए सीखी जाती थी, अब नर्सिंग होम खोलने के लिए। अपनी पेशानियों पर थोड़ा-सा नूर बचाये रखने के लिए हम लोग उस मस्जिद की पार्ट टाइम देख-भाल करते हैं। यूँ भी ज़्यादा देख-भाल आदमी को शाही इमाम बना कर रख देती है।

एतबार की चादर ज़ात नहीं देखती, क्योंकि जब अस्सी करोड़ हिन्दुओं की निगरानी में पन्द्रह करोड़ मुसलमान रह सकते हैं तो हमारे लॉन का दरवाज़ा अक़ीदतमन्द हिन्दुओं की पूजा की थाली के लिए क्यों नहीं खुल सकता? अजनबियत सारे रिश्तों को क़त्ल कर रही है और हम खड़े देख रहे हैं। काश, हम कोलम्बस होते तो उसी पुराने हिन्दुस्तान को तलाश कर लेते जहाँ मस्जिदें चिराग़ से और मन्दिर पूजा के फूलों से उनका पता-ठिकाना नहीं पूछते थे।

पूरे हिन्दुस्तान में मुझसे शिद्दत से मुहब्बत करने वालों की तादाद अगर पच्चीस होगी तो यक़ीनन उनमें बीस ग़ैर मुस्लिम होंगे और यह भी सच है कि मेरे बुरे वक़्त में यही दूध-शरीक भाइयों से ज़्यादा काम आते हैं। भला मैं उनसे नफ़रत कैसे करूँगा? उनका बुरा क्यों चाहूँगा? उनको नुक़सान क्यों पहुँचाऊँगा? आदमी अपने से मुहब्बत करने वाले बीमार ऊँट को भी रेगिस्तान में छोड़ कर नहीं भागता, लेकिन प्रिंट मीडिया हो या इलेक्ट्रॉनिक मीडिया, सियासी बाज़ीगर हों या मज़हबी जादूगर — सबने नफ़रतों की दुकानें खोल रक्खी हैं :

शायद ये कर्ब तुझको नये ख़द्दोख़ाल दे
अल्लाह मेरा दर्द तेरे दिल में डाल दे

राखी के बग़ैर भी मुहल्ले की तमाम लड़कियाँ बहनों जैसी दिखायी देती हैं। बीमारों के ख़ुश्क होंटों के लिए आब-ए-ज़मज़म और दुआओं में लिपटी खजूर भेजी जाती है। नमाज़ पढ़ कर दम भरने के लिए बुज़ुर्ग मस्जिदों से निकल कर मरीज़ के घर जाते है। एक-दूसरे के लिए यूँ गिड़गिड़ा कर दुआएँ माँगी जाती हैं कि अल्लाह भी अपनी उस मख़लूक़ पर फ़ख्र करता होगा जिसे उसने ख़ुद 'अशरफ़' का ख़िताब दे कर दुनिया में भेजा है। लोग एक-दूसरे के बच्चों को ही नहीं, गाय-भैंसों तक को पहचानते हैं। हर फलदार दरख़्त में बच्चों की हिस्सेदारी रहती है। सावन के झूलों पर लड़कियों की इज़ारेदारी रहती है। मुहल्ले की तमाम लड़कियों में दुपट्टा बदल बहनों का रिश्ता होता है, हर बुज़ुर्ग पूरे मुहल्ले का बुज़ुर्ग होता है, तमाम बच्चे हर बुज़ुर्ग की निगरानी में रहते हैं। मेरे बचपन के बेशतर दिन पतंग उड़ाने और कबूतरबाज़ी में गुज़रे हैं; मुहल्ले में कोई हिन्दू-मुसलमान नहीं था, हर छत पर हमारा क़ब्ज़ा रहता था क्योंकि वे छतें या तो हमारी बुआ की होती थीं या मौसी की। कबूतर और पतंगें उस वक़्त तक हमारे क़ब्ज़े में होती थीं, जब तक वे हमारे मुहल्ले में रहती थीं।

बहुत दिनों तक बीमार रहने के बाद दो-तीन बरस पहले मेरे वालिद का इन्तक़ाल हो गया। वह शादियों का मौसम था। मेरे मुहल्ले में भी कई बारातें आने वाली थीं। दो ग़ैर मुस्लिम घरों में भी शादी की गहमा-गहमी थी। लड़कियों की शादी थी लेकिन लड़की वालों ने लड़के वालों से फ़ोन करके कह दिया कि 'बैण्ड-बाजे की रस्म रास्ते में ही पूरी कर लीजिएगा। हमारे दरवाज़े पर यह रस्म न हो सकेगी, क्योंकि हमारे मुहल्ले के एक बुज़ुर्ग अनवर चाचा गुज़र गये हैं। उनका शुमार ख़ानदान के बुज़ुर्गों में होता था।' बारात वाले इसे बदशगूनी समझते हुए इस बात पर राज़ी नहीं हो रहे थे तो लड़की वालों ने उन्हें तारीख़ बढ़ाने का मशविरा दिया। उन लोगों ने पूछा 'एक मुसलमान आपके परिवार

के बुज़ुर्ग कैसे हो सकते हैं?' लड़की वालों ने कहा 'मेरे घर के तमाम बड़े-बूढ़ों की इब्तिदाई तालीम उन्हीं के घर पर हुई है। हम हिन्दू हैं तो क्या, 'र' से राम कहना तो उन्हीं ने हम लोगों को सिखाया था।' दो-तीन दिन बाद बारात जब मुहल्ले में दाख़िल हुई तो बारात में शामिल बुज़ुर्ग हमारे घर पे पुरसा देने आये। लड़के ने मेरी वालिदा की दुआएँ लीं, तब जा कर वह लग्न-मण्डप में बैठा। यूँ भी जहेज़ में सबसे क़ीमती सामान बुज़ुर्गों का आशीर्वाद होता है।

मेरे घर के लॉन से मुहल्ले की बहुत-सी औरतें सुबह-सवेरे कुछ फूल-पत्तियाँ डलिया में रख कर मन्दिर ले जाती हैं। मेरी बीवी भी नमाज़ के लिए बहुत सवेरे उठ जाती है। एक दिन मुहल्ले की कई लड़कियों ने आ कर मेरी बीवी से शिकायत-भरे लहजे में कहा कि 'भाभी, आपके लॉन का दरवाज़ा देर में खुलने से हम लोगों को मन्दिर जाने में देर हो जाती है।' उस दिन से मेरी बीवी मुँह-अँधेरे नमाज़ के वक़्त उठते ही पिछले दरवाज़े को ज़ंजीर की क़ैद से आज़ाद कर देती है और मुहल्ले की औरतें अपने वक़्त के हिसाब से फूल तोड़ कर मन्दिर पहुँच जाती हैं। मेरे लॉन का पिछला दरवाज़ा मुँह-अँधेरे ही खोल दिया जाता है। मुमकिन है, यह बात आस-पास के मुसलमानों के इल्म में न हो लेकिन, मुहब्बतों के रिश्ते जात-पात और मज़हब नहीं देखते। मेरे दादा के पढ़ाये हुए हज़ारहा लोग इस शहर में आबाद थे। उनमें से बेशतर तो मर-खप गये, दो-चार लोग खण्डहर बदन की सूरत में रह गये हैं—शायद पिछले वक़्तों के क़िस्से-कहानियाँ सुनाने के लिए, वह भी फूलती हुई साँसों, डूबती हुई नब्ज़ों और बुझती हुई आँखों की बैसाखी के सहारे। लेकिन उनकी औलादें ज़िन्दा हैं — उनकी तस्वीरों पर रोज़ नये फूल चढ़ाने के लिए, उनकी क़ब्रों पर चिराग़ जलाने के लिए, अपनी नम आँखों से उन्हें नमस्कार करने के लिए, उनके अधूरे कामों को मुकम्मल करने के लिए। उनकी पेशानियाँ अपने पुरखों के संस्कारों से आज तक रौशन हैं। घर में मिट्टी की दीवारें हों तो शख़्सियत भी रेशम जैसी हो जाती है। आँगन भी तो दिल दरिया की तरह हो जाते हैं, आँगन में कोई फलदार दरख़्त हो तो चिड़ियों के लहजे की

मिठास भी घरवालों में मौजूद रहती है। घर में मिट्टी का दिया जलता हो तो काजल आँखों को झील जैसा बनाये रखता है। कुआँ हो तो पानी की सरगोशी भी सुनायी देती है, जैसे रोज़े में फ़ाक़ाकशों से मुहब्बत बढ़ जाती है। बुज़ुर्गों की शराफ़तों, करामात, क़लन्दरी और दरियादिली के सबब हम लोगों को अभी तक इज़्ज़त-ओ-एहतराम की निगाह से देखा जाता है।

यूँ भी रायबरेली की तारीख़ के किसी भी वरक़ में नफ़रत और फ़िरक़ापरस्ती की सियाही का वजूद नहीं है, त्योहार गंगा-जमनी तहज़ीब की मिसाल बन जाते हैं। सिवइयों का ज़ाफ़रानी रंग होली के रंग जैसा हो जाता है। दीवाली का हर पटाख़ा निक़ाह के वक़्त दाग़े गये गोलों जैसा लगता है।

किक्रेट मैच होते ही हर घर में कई टीमें बन जाती हैं। मैं और मेरी बीवी हिन्दुस्तानी टीम के दीवाने, मेरी छोटी बेटी और बेटा पाकिस्तान टीम के तरफ़दार। मैच शुरू होते ही लड़ाइयाँ शुरू हो जाती हैं। सचिन के आउट होते ही मेरा बेटा हँसते हुए आवाज़ लगाता है—'मम्मी का बेटा आउट हो गया। मम्मी को आँसू पोंछने के लिए रूमाल प्रोवाइड किया जाये।' उसकी मम्मी सुन लेती है और उसे मारने दौड़ती है। झगड़ा इतना बढ़ता है कि टीवी बन्द कर दिया जाता है। साहबज़ादे का हुक्का-पानी भी बन्द हो जाता है। अब भाई-बहनों में लड़ाई शुरू होती है। एक-दूसरे पर इल्ज़ाम लगाये जाते हैं (यह हुनर भी उन लोगों ने संसद भवन की सब्ज़ी मण्डी से सीखा है)। साहबज़ादे कहीं से दो-चार पटाख़े दरवाज़े पर छोड़ देते हैं और कहते हैं कि जब आप लोगों ने मुझे घर से निकाल ही दिया है, मेरा खाना-पानी बन्द ही कर दिया है तो जो ही चाहेगा, करूँगा। उनकी सज़ा और बढ़ा दी जाती है यानी अब उनकी पिटाई भी ज़रूरी है। उनकी आख़िरी सज़ा के तौर पर मुझे इस्तेमाल किया जाता है। मैं बुज़ुर्गों की धौंस को बरक़रार रखने के लिए दोनों पार्टियों को डाँटता हुआ घर से बाहर निकल आता हूँ।

मुँह का मज़ा बदलने के लिए शहर के सबसे बड़े चौराहे पर पान

खाने निकल जाता हूँ। पान की दुकान पर कई लोग पहले से मौजूद थे। वहाँ और लोग भी पान खाते हुए मिल जाते हैं। वे दबी ज़बान में गुफ़्तगू कर रहे होते हैं कि पाकिस्तान की जीत पर मुसलमान पटाख़े क्यों छोड़ते हैं? मैं उन्हें कैसे बताऊँ कि ये छोटे-छोटे बहन-भाइयों के वे झगड़े हैं, जिनकी बुनियादों में माँ के दूध की मुहब्बतें भी शामिल हैं। ये ऐसे पटाख़े हैं जिनसे बारूद की नहीं, माँ के दूध की ख़ुशबू आती है। अब मैं उन्हें कैसे समझाऊँ कि इस बेएतबार ज़माने में मेरे घर का पिछला दरवाज़ा मन्दिर में चढ़ाये जाने वाले फूलों के लिए खोल दिया जाता है। मैं उन्हें कैसे समझाऊँ कि पाकिस्तान में कई दिन लगातार रहने के बाद भी मुझे हिन्दुस्तान इतना याद आने लगता है कि इण्डियन एम्बेसी की इमारत मुझे मस्जिद मालूम होने लगती है। मैं उन्हें कैसे समझाऊँ कि :

गले मिलने को आपस में दुआएँ रोज़ आती हैं
अभी मस्जिद के दरवाज़े पे माँएँ रोज़ आती हैं

10-सी, बोलाई दत्त स्ट्रीट, **—मुनव्वर राना**
कोलकाता-73

1.

लिपट जाता हूँ माँ से और मौसी मुस्कराती है
मैं उर्दू में ग़ज़ल कहता हूँ हिन्दी मुस्कराती है

उछलते-खेलते बचपन में बेटा ढूँढती होगी
तभी तो देख कर पोते को दादी मुस्कराती है

तभी जा कर कहीं माँ-बाप को कुछ चैन पड़ता है
कि जब ससुराल से घर आ के बेटी मुस्कराती है

चमन में सुबह का मंज़र बड़ा दिलचस्प होता है
कली जब सो के उठती है तो तितली मुस्कराती है

हमें ऐ ज़िन्दगी तुझ पर हमेशा रश्क़ आता है
मसायल में घिरी रहती है फिर भी मुस्कराती है

बड़ा गहरा तआल्लुक़ है सियासत से तबाही का
कोई भी शहर जलता है तो दिल्ली मुस्कराती है

❖

2.

मुहब्बत करने वालों में ये झगड़ा डाल देती है
सियासत दोस्ती की जड़ में मट्ठा डाल देती है

तवायफ़ की तरह अपने ग़लत कामों के चेहरे पर
हुकूमत मन्दिर-ओ-मस्जिद का पर्दा डाल देती है

हुकूमत मुँह-भराई के हुनर से ख़ूब वाक़िफ़ है
ये हर कुत्ते के आगे शाही टुकड़ा डाल देती है

कहाँ की हिजरतें, कैसा सफ़र, कैसा जुदा होना
किसी की चाह पैरों पर दुपट्टा डाल देती है

ये चिड़िया भी मेरी बेटी से कितनी मिलती-जुलती है
कहीं भी शाख़-ए-गुल देखे तो झूला डाल देती है

भटकती है हवस दिन-रात सोने की दुकानों में
ग़रीबी कान छिदवाती है तिनका डाल देती है

हसद की आग में जलती है सारी रात वो औरत
मगर सौतन के आगे अपना जूठा डाल देती है

❖

3.

दुनिया तेरी रौनक़ से मैं अब ऊब रहा हूँ
तू चाँद मुझे कहती थी मैं डूब रहा हूँ

अब कोई शनासा भी दिखायी नहीं देता
बरसों मैं इसी शहर का महबूब रहा हूँ

मैं ख़्वाब नहीं आपकी आँखों की तरह था
मैं आपका लहजा नहीं अस्लूब रहा हूँ

इस शहर के पत्थर भी गवाही मेरी देंगे
सहरा भी बता देगा कि मजज़ूब रहा हूँ

रुसवाई मेरे नाम से मन्सूब रही है
मैं ख़ुद कहाँ रुसवाई से मन्सूब रहा हूँ

दुनिया मुझे साहिल से खड़ी देख रही है
मैं एक जज़ीरे की तरह डूब रहा हूँ

फेंक आये थे मुझको भी मेरे भाई कुँए में
मैं सब्र से भी हज़रते - अय्यूब रहा हूँ

सच्चाई तो ये है कि तेरे क़ुरअ-ए-दिल में
ऐसा भी ज़माना था कि मैं ख़ूब रहा हूँ

शोहरत मुझे मिलती है तो चुपचाप खड़ी रह
रुसवाई मैं तुझसे भी तो मन्सूब रहा हूँ

❖

4.

जब भी कश्ती मेरी सैलाब में आ जाती है
माँ दुआ करती हुई ख़्वाब में आ जाती है

रोज़ मैं अपने लहू से उसे ख़त लिखता हूँ
रोज़ उँगली मेरी तेज़ाब में आ जाती है

दिल की गलियों से तेरी याद निकलती ही नहीं
सोहनी फिर इसी पंजाब में आ जाती है

रात भर जागते रहने का सिला है शायद
तेरी तस्वीर-सी महताब में आ जाती है

एक कमरे में बसर करता है सारा कुनबा
सारी दुनिया दिल-ए-बेताब में आ जाती है

ज़िन्दगी, तू भी भिखारिन की रिदा ओढ़े हुए
कूचा-ए-रेशम-ओ-कमख़्वाब में आ जाती है

दुख किसी का हो छलक उठती हैं मेरी आँखें
सारी मिट्टी मेरे तालाब में आ जाती है

❖

5.

बुलन्दी देर तक किस शख़्स के हिस्से में रहती है
बहुत ऊँची इमारत हर घड़ी ख़तरे में रहती है

बहुत जी चाहता है क़ैद-ए-जाँ से हम निकल जायें
तुम्हारी याद भी लेकिन इसी मलबे में रहती है

ये ऐसा क़र्ज़ है जो मैं अदा कर ही नहीं सकता
मैं जब तक घर न लौटूँ मेरी माँ सजदे में रहती है

अमीरी रेशम-ओ-कमख़्वाब में नंगी नज़र आयी
ग़रीबी शान से एक टाट के पर्दे में रहती है

मैं इन्साँ हूँ बहक जाना मेरी फ़ितरत में शामिल है
हवा भी उसको छू कर देर तक नश्शे में रहती है

मुहब्बत में परखने-जाँचने से फ़ायदा क्या है
कमी थोड़ी-बहुत हर एक के शजरे में रहती है

ये अपने आपको तक़्सीम कर लेता है सूबों में
ख़राबी बस यही हर मुल्क के नक़्शे में रहती है

❖

6.

मेरी ख़्वाहिश है कि फिर से मैं फ़रिश्ता हो जाऊँ
माँ से इस तरह लिपट जाऊँ कि बच्चा हो जाऊँ

कम-से-कम बच्चों के होंटों की हँसी की ख़ातिर
ऐसी मिट्टी में मिलाना कि खिलौना हो जाऊँ

सोचता हूँ तो छलक उठती हैं मेरी आँखें
तेरे बारे में न सोचूँ तो अकेला हो जाऊँ

चारागर तेरी महारत पे यक़ीं है लेकिन
क्या ज़रूरी है कि हर बार मैं अच्छा हो जाऊँ

बेसबब इश्क़ में मरना मुझे मंज़ूर नहीं
शमा तो चाह रही है कि पतंगा हो जाऊँ

शायरी कुछ भी हो, रुसवा नहीं होने देती
मैं सियासत में चला जाऊँ तो नंगा हो जाऊँ

❖

7.

न मैं कंघी बनाता हूँ, न मैं चोटी बनाता हूँ
ग़ज़ल में आपबीती को मैं जगबीती बनाता हूँ

ग़ज़ल वो सिन्फ़-ए-नाज़ुक है जिसे अपनी रफ़ाक़त से
वो महबूबा बना लेता है मैं बेटी बनाता हूँ

हुकूमत का हर एक इनआम है बन्दूंक़साज़ी पर
मुझे कैसे मिलेगा मैं तो बैसाखी बनाता हूँ

मेरे आँगन की कलियों को तमन्ना शाहज़ादों की
मगर मेरी मुसीबत ये है मैं बीड़ी बनाता हूँ

सज़ा कितनी बड़ी है गाँव से बाहर निकलने की
मैं मिट्टी गूँधता था अब डबलरोटी बनाता हूँ

वज़ारत चन्द घण्टों की महल मीनार से ऊँचा
मैं औरंग़ज़ेब हूँ अपने लिए खिचड़ी बनाता हूँ

बस इतनी इल्तजा है तुम इसे गुजरात मत करना
तुम्हें इस मुल्क का मालिक मैं जीते-जी बनाता हूँ

मुझे इस शहर की सब लड़कियाँ आदाब करती हैं
मैं बच्चों की कलाई के लिए राखी बनाता हूँ

तुझे ऐ ज़िन्दगी अब क़ैदख़ाने में गुज़रना है
तुझे मैं इसलिए दुख-दर्द का आदी बनाता हूँ

मैं अपने गाँव का मुखिया भी हूँ बच्चों का क़ातिल भी
जला कर दूध कुछ लोगों की ख़ातिर घी बनाता हूँ

❖

8.

हमारा तीर कुछ भी हो निशाने तक पहुँचता है
परिन्दा कोई मौसम हो ठिकाने तक पहुँचता है

धुआँ बादल नहीं होता कि बचपन दौड़ पड़ता है
ख़ुशी से कौन बच्चा कारख़ाने तक पहुँचता है

हमारी मुफ़लिसी पर आपको हँसना मुबारक हो
मगर ये तंज़ हर सैयद घराने तक पहुँचता है

मैं चाहूँ तो मिठाई की दुकानें खोल सकता हूँ
मगर बचपन हमेशा रामदाने तक पहुँचता है

अभी ऐ ज़िन्दगी तुझको हमारा साथ देना है
अभी बेटा हमारा सिर्फ़ शाने तक पहुँचता है

सफ़र का वक़्त आ जाये तो फिर कोई नहीं रुकता
मुसाफ़िर खुद से चल कर आब-ओ-दाने तक पहुँचता है

❖

9.

हर एक आवाज़ अब उर्दू को फ़रियादी बताती है
ये पगली फिर भी अब तक ख़ुद को शहज़ादी बताती है

कई बातें मुहब्बत सबको बुनियादी बताती है
जो परदादी बताती थी वही दादी बताती है

जहाँ पिछले कई बरसों से काले नाग रहते हैं
वहाँ एक घोंसला चिड़ियों का था दादी बताती है

अभी तक ये इलाक़ा है रवादारी के क़ब्ज़े में
अभी फ़िरक़ापरस्ती कम है आबादी बताती है

यहाँ वीरानियों की एक मुद्दत से हुकूमत है
यहाँ से नफ़रतें गुज़री हैं बरबादी बताती है

लहू कैसे बहाया जाये ये लीडर बताते हैं
लहू का ज़ायक़ा कैसा है ये खादी बताती है

गुलामी ने अभी तक मुल्क का पीछा नहीं छोड़ा
हमें फिर क़ैद होना है ये आज़ादी बताती है

ग़रीबी क्यों हमारे शहर से बाहर नहीं जाती
अमीर-ए-शहर के घर की हर एक शादी बताती है

मैं उन आँखों के मयख़ाने में थोड़ी दूर बैठा था
मुझे दुनिया नशे का आज तक आदी बताती है

❖

10.

बहुत पानी बरसता है तो मिट्टी बैठ जाती है
न रोया कर, बहुत रोने से छाती बैठ जाती है

यही मौसम था जब नंगे बदन छत पर टहलते थे
यही मौसम है अब सीने में सर्दी बैठ जाती है

चलो माना कि शहनाई मसर्रत की निशानी है
मगर वो शख़्स जिसकी आ के बेटी बैठ जाती है

बड़े-बूढ़े कुएँ में नेकियाँ क्यों फेंक आते हैं
कुएँ में छुप के आख़िर क्यों ये नेकी बैठ जाती है

नक़ाब उलटे हुए जब भी चमन से वो गुज़रता है
समझ कर फूल उसके लब पे तितली बैठ जाती है

सियासत नफ़रतों का ज़ख़्म भरने ही नहीं देती
जहाँ भरने पे आता है तो मक्खी बैठ जाती है

वो दुश्मन ही सही, आवाज़ दे उसको मुहब्बत से
सलीक़े से बिठा कर देख हड्डी बैठ जाती है

❖

11.

भरोसा मत करो साँसों की डोरी टूट जाती है
छतें महफ़ूज़ रहती हैं हवेली टूट जाती है

मुहब्बत भी अजब शै है वो जब परदेस में रोये
तो फ़ौरन हाथ की एक-आध चूड़ी टूट जाती है

कहीं कोई कलाई एक चूड़ी को तरसती है
कहीं कंगन के झटके से कलाई टूट जाती है

लड़कपन में किये वादे की क़ीमत कुछ नहीं होती
अँगूठी हाथ में रहती है मँगनी टूट जाती है

किसी दिन प्यास के बारे में उससे पूछिए जिसकी
कुएँ में बाल्टी रहती है रस्सी टूट जाती है

कभी एक गर्म आँसू काट देता है चट्टानों को
कभी एक मोम के टुकड़े से छैनी टूट जाती है

❖

12.

हमारी ज़िन्दगी का इस तरह हर साल कटता है
कभी गाड़ी पलटती है, कभी तिरपाल कटता है

दिखाते हैं पड़ोसी मुल्क आँखें तो दिखाने दो
कहीं बच्चों के बोसे से भी माँ का गाल कटता है!

इसी उलझन में अक्सर रात आँखों में गुज़रती है
बरेली को बचाते हैं तो नैनीताल कटता है

कभी रातों के सन्नाटे में भी निकला करो घर से
कभी देखा करो गाड़ी से कैसे माल कटता है

सियासी वार भी तलवार से कुछ कम नहीं होता
कभी क़श्मीर जाता है, कभी बंगाल कटता है

❖

13.

घरौंदे तोड़ कर साहिल से यूँ पानी पलटता है
कि जैसे मुफ़लिसी से खेल कर ज़ानी पलटता है

किसी को देख कर रोते हुए हँसना नहीं अच्छा
ये वो आँसू है जिनसे तख़्त-ए-सुलतानी पलटता है

कहीं हम सरफ़रोशों को सलाख़ें रोक सकती हैं
कहो ज़िल्ले-इलाही से कि ज़िन्दानी पलटता है

सिपाही मोरचे से उम्र भर पीछे नहीं हटता
सियासतदाँ ज़बाँ दे कर बआसानी पलटता है

तुम्हारा ग़म लहू का एक-एक क़तरा निचोड़ेगा
हमेशा सूद ले कर ही ये अफ़ग़ानी पलटता है

❖

14.

समझौतों की भीड़-भाड़ में सबसे रिश्ता टूट गया
इतने घुटने टेके हमने आख़िर घुटना टूट गया

देख शिकारी तेरे कारन एक परिन्दा टूट गया
पत्थर का तो कुछ नहीं बिगड़ा लेकिन शीशा टूट गया

घर का बोझ उठाने वाले बचपन की तक़दीर न पूछ
बच्चा घर से काम पे निकला और खिलौना टूट गया

किसको फ़ुरसत इस दुनिया में ग़म की कहानी पढ़ने की
सूनी कलाई देख के लेकिन चूड़ीवाला टूट गया

ये मंज़र भी देखे हमने इस दुनिया के मेले में
टूटा-फूटा नाच रहा है, अच्छा-ख़ासा टूट गया

पेट की ख़ातिर फ़ुटपाथों पर बेच रहा हूँ तस्वीरें
मैं क्या जानूँ रोज़ा है या मेरा रोज़ा टूट गया

शेर बेचारा भूखा-प्यासा मारा-मारा फिरता है
शेर की ख़ाला ख़ुश बैठी है भागों छीका टूट गया

❖

15.

अगर दौलत से ही सब ख़ुद का अन्दाज़ा लगाते हैं
तो फिर ऐ मुफ़लिसी हम दाँव पर कासा लगाते हैं

उन्हीं को सरबुलन्दी भी अता होती है दुनिया में
जो अपने सर के नीचे हाथ का तकिया लगाते हैं

हमारा सानिहा है ये कि इस दौरे-हुकूमत में
शिकारी के लिए जंगल में हम हाँका लगाते हैं

वो शायर हों कि आलिम हों कि ताजिर या लुटेरे हों
सियासत वो जुआ है जिसमें सब पैसा लगाते हैं

उगा रक्खे हैं जंगल नफ़रतों के सारी बस्ती में
मगर गमले में मीठी नीम का पौधा लगाते हैं

ज़्यादा देर तक मुर्दे कभी रक्खे नहीं जाते
शराफ़त के जनाज़े को चलो काँधा लगाते हैं

ग़ज़ल की सल्तनत पर आज तक क़ब्ज़ा हमारा है
हम अपने नाम के आगे अभी राना लगाते हैं

❖

16.

वो ज़ालिम मेरी हर ख़्वाहिश ये कह कर टाल जाता है
दिसम्बर-जनवरी में कौन नैनीताल जाता है

अभी तो बेवफ़ाई का कोई मौसम नहीं आया
अभी से उड़ के क्यों ये रेशमी रूमाल जाता है

वज़ारत के लिए हम दोस्तों का साथ मत छोड़ो
इधर इक़बाल आता है, उधर इक़बाल जाता है

मुनासिब है कि पहले तुम भी आदमख़ोर बन जाओ
कहीं संसद में खाने कोई चावल-दाल जाता है

ये मेरे मुल्क का नक़्शा नहीं है, एक कासा है
इधर से जो गुज़रता है वो सिक्के डाल जाता है

अगर सच बोलने वालों से ख़तरा है हुकूमत को
तो फिर सुन ले हुकूमत हाथ से बंगाल जाता है

मेरे मौला, मुझे सच बात कहने का हुनर दे दे
तेरे दर से भिखारी हो के मालामाल जाता है

मुहब्बत रोज़ पत्थर से हमें इन्साँ बनाती है
तअास्सुब रोज़ इन आँखों पे पर्दा डाल जाता है

❖

17.

सियासी आदमी की शक्ल तो प्यारी निकलती है
मगर जब गुफ़्तगू करता है चिनगारी निकलती है

लबों पर मुस्कुराहट दिल में बेज़ारी निकलती है
बड़े लोगों में ही अक्सर ये बीमारी निकलती है

मुहब्बत को ज़बरदस्ती तो लादा जा नहीं सकता
कहीं खिड़की से मेरी जान अलमारी निकलती है

यही घर था जहाँ मिल-जुल के सब एक साथ खाते थे
यही घर है अलग भाई की अफ़्तारी निकलती है

क़लम सोने का रखने में बुराई कुछ नहीं लेकिन
कोई तहरीर भी निकले वो दरबारी निकलती है

ज़बाँ खुलते ही फ़ौरन ये क़बीला टूट जायेगा
अगर ख़ामोश रहता हूँ तो सरदारी निकलती है

तबीयत जिस पे आयी थी वो ज़ालिम बेवफ़ा निकला
पसन्द आती है जो भी चीज़ बाज़ारी निकलती है

❖

18.

किसी भी चेहरे को देखो गुलाल होता है
तुम्हारे शहर में पत्थर भी लाल होता है

कभी-कभी तो मेरे घर में कुछ नहीं होता
मगर जो होता है रिज़्क़-ए-हलाल होता है

पड़ोसियों की दुकानें तलक नहीं खुलतीं
किसी का गाँव में जब इन्तक़ाल होता है

मैं शोहरतों की बुलन्दी पे जा नहीं सकता
जहाँ उरूज़ पे पहुँचो ज़वाल होता है

किसी हवेली के ऊपर से मत गुज़र चिड़िया
यहाँ छतें नहीं होती हैं, जाल होता है

यहीं पे अम्न की तब्लीग़ रोज़ होती है
यहीं पे रोज़ कबूतर हलाल होता है

मुक़ाम ऐसा भी आता है इक मुहब्बत में
जहाँ पहुँच के पलटना मुहाल होता है

शब-ए-अलम की दराज़ी ख़ुदा बचाये तुझे
यहाँ पे दिन नहीं होते हैं, साल होता है

मैं अपने आपको सैयद तो लिख नहीं सकता
अज़ान देने से कोई बिलाल होता है

❖

19.

नींद अपने आप दीवाने तलक तो आ गयी
दोस्ती में धूप तहख़ाने तलक तो आ गयी

जाने अब कितना सफ़र बाक़ी बचा है उम्र का
ज़िन्दगी उबले हुए खाने तलक तो आ गयी

चाहिए अब और क्या सहरानवर्दी ये बता
मुझको वहशत ले के वीराने तलक तो आ गयी

देख ले ज़ालिम शिकारी माँ की ममता देख ले
देख ले चिड़िया तेरे दाने तलक तो आ गयी

अब हवा थी उस तरफ़ की या करम-फ़रमाई थी
ज़ुल्फ़-ए-जानाँ कम-से-कम शाने तलक तो आ गयी

और कितनी ठोकरें खायेगी तू ऐ ज़िन्दगी
ख़ुदकुशी करने को मयख़ाने तलक तो आ गयी

और कितनी गर्मजोशी चाहिए जज़्बात में
दुश्मनी की आँच दस्ताने तलक तो आ गयी

❖

20.

कोयल बोले या गौरेया अच्छा लगता है
अपने गाँव में सब कुछ भैया अच्छा लगता है

तेरे आगे माँ भी मौसी जैसी लगती है
तेरी गोद में गंगा मैया अच्छा लगता है

कागा की आवाज़ भी चिट्ठी जैसी लगती है
पेड़ पे बैठा एक गवैया अच्छा लगता है

माया-मोह बुढ़ापे में बढ़ जाता है
बचपन में बस एक रुपैया अच्छा लगता है

ख़ुद ही डाँटे, ख़ुद ही लगाये सीने से
प्यार में उसका ये भी रवैया अच्छा लगता है

❖

21.

तितली ने गुल को चूम के दुल्हन बना दिया
ऐ इश्क़ तूने सोने को कुन्दन बना दिया

तेरे ही अक्स को तेरा दुश्मन बना दिया
आईने ने मज़ाक़ में सौतन बना दिया

मैंने तो सिर्फ़ आपको चाहा है आज तक
ये किसने आपको मेरा दुश्मन बना दिया

जितना हँसा था उससे ज़ियादा उदास हूँ
आँखों को इन्तज़ार ने सावन बना दिया

ज़हमत न हो ग़मों को पहुँचते हैं इसलिए
ज़ख़्मों ने दिल में छोटा-सा रौज़न बना दिया

जी भर के तुमको देखने वाला था मैं मगर
बाद-ए-सबा ने ज़ुल्फ़ों को चिलमन बना दिया

नफ़रत न ख़त्म कर सका सोने का एक महल
चाहत ने एक चूड़ी को कंगन बना दिया

❖

22.

ऐन ख़्वाहिश के मुताबिक़ सब उसी को मिल गया
काम तो ठाकुर तुम्हारे आदमी को मिल गया

फिर तेरी यादों की शबनम ने जगाया है मुझे
फिर ग़ज़ल कहने का मौसम शायरी को मिल गया

याद रखना भीख माँगेंगे अँधेरे रहम की
रास्ता जिस दिन कहीं से रोशनी को मिल गया

इसलिए बेताब हैं आँसू निकलने के लिए
पाट चौड़ा आज आँखों की नदी को मिल गया

आज अपनी हर ग़लतफ़हमी पे ख़ुद हँसता हूँ मैं
साथ में मौक़ा मुनाफ़िक़ की हँसी को मिल गया

❖

23.

ये एहतेराम तो करना ज़रूर पड़ता है
जो तू ख़रीदे तो बिकना ज़रूर पड़ता है

बड़े सलीक़े से ये कह के ज़िन्दगी गुज़री
हर एक शख़्स को मरना ज़रूर पड़ता है

वो दोस्ती हो, मुहब्बत हो, चाहे सोना हो
कसौटियों पे परखना ज़रूर पड़ता है

कभी जवानी से पहले, कभी बुढ़ापे में
ख़ुदा के सामने झुकना ज़रूर पड़ता है

हो चाहे जितनी पुरानी भी दुश्मनी लेकिन
कोई पुकारे तो रुकना ज़रूर पड़ता है

शराब पी के बहकने से कौन रोकेगा
शराब पी के बहकना ज़रूर पड़ता है

वफ़ा की राह पे चलिए मगर ये ध्यान रहे
कि दरमियान में सहरा ज़रूर पड़ता है

❖

24.

ये मत समझ कि अर्श-ए-मुअल्ला उसी का है
सारी ज़मीं भी उसकी है ग़ल्ला उसी का है

लगता है सीधे जायेंगे दोज़ख़ में नेक लोग
जब कुफ़्र कह रहा है कि अल्ला उसी का है

मौसम से लग रहा है कि घर अब क़रीब है
ख़ुशबू से लग रहा है मुहल्ला उसी का है

हम लोग हैं खिलाड़ी की सूरत ज़मीन पर
ये गेंद भी उसी की है, बल्ला उसी का है

दिल जिसका पाक-साफ़ हो मस्जिद उसी की है
पढ़ता हो जो नमाज़ मुसल्ला उसी का है

❖

25.

कहाँ रोना है मुझको दीदा-ए-पुरनम समझता है
मैं मौसम को समझता हूँ मुझे मौसम समझता है

ज़बाँ दो चाहने वालों को शायद दूर कर देगी
मैं बँगला कम समझता हूँ वो उर्दू कम समझता है

हमारे हाल से सब चाहने वाले हैं नावाक़िफ़
मगर एक बेवफ़ा है जो हमारा ग़म समझता है

मुहब्बत करने वाला जान की परवा नहीं करता
वो अपने पाँव की ज़ंजीर को रेशम समझता है

कहाँ तक झील में पानी रहे आँखें समझती हैं
कहाँ तक ज़ख़्म को भरना है ये मरहम समझता है

❖

26.

बिछड़ा कहाँ है भाई हमारा सफ़र में है
ओझल नहीं हुआ है अभी तक नज़र में है

एक हादसे ने छीन लिया है उसे मगर
तस्वीर उसकी फिर भी मेरी चश्म-ए-तर में है

वो तो लिखा के लायी है क़िस्मत में जागना
माँ कैसे सो सकेगी कि बेटा सफ़र में है

ख़ुद शाख़-ए-गुल को टूटते देखा है आँख से
किस दर्जा हौसला अभी बूढ़े शजर में है

तनहा मुझे कभी न समझना मेरे हरीफ़
एक भाई मर गया है, मगर एक घर में है

दुनिया से आख़िरत का सफ़र भी अजीब है
वो घर पहुँच गया है बदन रहगुज़र में है

सब ओढ़ लेंगे मिट्टी की चादर को एक दिन
दुनिया का हर चिराग़ हवा की नज़र में है

❖

27.

हम सायादार पेड़ ज़माने के काम आये
जब सूखने लगे तो जलाने के काम आये

तलवार की मियान कभी फेंकना नहीं
मुमकिन है, दुश्मनों को डराने के काम आये

कच्चा समझ के बेच न देना मकान को
शायद कभी ये सर को छुपाने के काम आये

ऐसा भी हुस्न क्या कि तरसती रहे निगाह
ऐसी भी क्या ग़ज़ल जो न गाने के काम आये

वो दर्द दे जो रातों को सोने न दे हमें
वो ज़ख़्म दे जो सबको दिखाने के काम आये

❖

28.

जब कभी धूप की शिद्दत ने सताया मुझको
याद आया बहुत एक पेड़ का साया मुझको

अब भी रौशन है तेरी याद से घर के कमरे
रौशनी देता है अब तक तेरा साया मुझको

मेरी ख़्वाहिश थी कि मैं रोशनी बाँटूँ सबको
ज़िन्दगी तूने बहुत जल्द बुझाया मुझको

चाहने वालों ने कोशिश तो बहुत की लेकिन
खो गया मैं तो कोई ढूँढ न पाया मुझको

सख़्त हैरत में पड़ी मौत ये जुमला सुन कर
आ, अदा करना है साँसों का किराया मुझको

शुक्रिया तेरा अदा करता हूँ जाते-जाते
ज़िन्दगी तूने बहुत रोज़ बचाया मुझको

❖

29.

इश्क़ में राय बुज़ुर्गों से नहीं ली जाती
आग बुझते हुए चूल्हों से नहीं ली जाती

इतना मोहताज न कर चश्म-ए-बसीरत मुझको
रोज़ इमदाद चराग़ों से नहीं ली जाती

ज़िन्दगी तेरी मुहब्बत में ये रुसवाई हुई
साँस तक तेरे मरीज़ों से नहीं ली जाती

गुफ़्तगू होती है तज़ईन-ए-चमन की जब भी
राय सूखे हुए पेड़ों से नहीं ली जाती

मक़तब-ए-इश्क़ ही एक ऐसा इदारा है जहाँ
फ़ीस तालीम की बच्चों से नहीं ली जाती

❖

30.

बाज़ारी पेटीकोट की सूरत हूँ इन दिनों
मैं सिर्फ़ एक रिमोट की सूरत हूँ इन दिनों

ज़ालिम के हक़ में मेरी गवाही है मोतबर
मैं झुग्गियों के वोट की सूरत हूँ इन दिनों

मुँह का मज़ा बदलने को सुनते हैं वो ग़ज़ल
टेबुल पे दालमोठ की सूरत हूँ इन दिनों

हर शख़्स देखने लगा शक की निगाह से
मैं पाँच सौ के नोट की सूरत हूँ इन दिनों

हर शख़्स है निशाने पे मुझको लिये हुए
कैरम की लाल गोट की सूरत हूँ इन दिनों

घर में भी कोई ख़ुश न हुआ मुझको देख कर
यानी मैं एक चोट की सूरत हूँ इन दिनों

मौसम भी अब उड़ाने लगा है मेरी हँसी
इतने पुराने कोट की सूरत हूँ इन दिनों

❖

31.

हमारी बेबसी देखो उन्हें हमदर्द कहते हैं
जो उर्दू बोलने वालों को दहशतगर्द कहते हैं

मदीने तक में हमने मुल्क की ख़ातिर दुआ माँगी
किसी से पूछ ले इसको वतन का दर्द कहते हैं

किसी भी रंग को पहचानना मुश्किल नहीं होता
मेरे बच्चों की सूरत देख इसको ज़र्द कहते हैं

अगर दंगाइयों पर तेरा कोई बस नहीं चलता
तो फिर सुन ले हुकूमत हम तुझे नामर्द कहते हैं

वो अपने-आपको सच बोलने से किस तरह रोके
वज़ारत को जो अपनी जूतियों की गर्द कहते हैं

❖

32.

मियाँ रुसवाई दौलत के तआवुन से नहीं जाती
ये कालिख उम्र भर रहती है, साबुन से नहीं जाती

शकर फ़िरक़ापरस्ती की तरह रहती है नस्लों तक
ये बीमारी करेले और जामुन से नहीं जाती

वो सन्दल से बने कमरे में भी रहने लगा लेकिन
महक मेरे लहू की उसके नाखुन से नहीं जाती

इधर भी सारे अपने हैं, उधर भी सारे अपने थे
ख़बर भी जीत की भिजवायी अर्जुन से नहीं जाती

मुहब्बत की कहानी मुख़्तसर होती तो है लेकिन
कही मुझसे नहीं जाती, सुनी उनसे नहीं जाती

❖

33.

मुझको हर हाल में बख़्शेगा उजाला अपना
चाँद रिश्ते में नहीं लगता है मामा अपना

मैंने रोते हुए पोंछे थे किसी दिन आँसू
मुद्दतों माँ ने नहीं धोया दुपट्टा अपना

हम परिन्दों की तरह उड़ के तो जाने से रहे
इस जनम में तो न बदलेंगे ठिकाना अपना

धूप से मिल गये हैं पेड़ हमारे घर के
हम समझते थे कि काम आयेगा बेटा अपना

सच बता दूँ तो ये बाज़ार-ए-मुहब्बत गिर जाये
मैंने जिस दाम में बेचा है ये मलबा अपना

आइनाख़ाने में रहने का ये इनआम मिला
एक मुद्दत से नहीं देखा है चेहरा अपना

तेज़ आँधी में बदल जाते हैं सारे मंज़र
भूल जाते हैं परिन्दे भी ठिकाना अपना

34.

मुख़ालिफ़ सफ़ भी ख़ुश होती है लोहा मान लेती है
ग़ज़ल का शेर अच्छा हो तो दुनिया मान लेती है

शरीफ़ औरत तो फूलों को भी गहना मान लेती है
मगर दुनिया इसे भी एक तमाशा मान लेती है

ये संसद है, यहाँ आदाब थोड़े मुख़्तलिफ़ होंगे
यहाँ जम्हूरियत झूठे को सच्चा मान लेती है

फिर उसको मर के भी ख़ुद से जुदा होने नहीं देती
ये मिट्टी जब किसी को अपना बेटा मान लेती है

मुहब्बत करते जाओ बस यही सच्ची इबादत है
मुहब्बत माँ को भी मक्का-मदीना मान लेती है

अमीर-ए-शहर का रिश्ते में कोई कुछ नहीं लगता
ग़रीबी चाँद को भी अपना मामा मान लेती है

35.

दामन को आँसुओं से सराबोर कर दिया
उसने मेरे इरादे को कमज़ोर कर दिया

बारिश हुई तो झूम के सब नाचने लगे
मौसम ने पेड़-पौधों को भी मोर कर दिया

मैं वो दिया हूँ जिससे लरज़ती है अब हवा
आँधी ने छेड़-छेड़ के मुँहज़ोर कर दिया

इज़हार-ए-इश्क़ ग़ैरज़रूरी था, आपने
तशरीह करके शेर को कमज़ोर कर दिया

उसके हसब-नसब पे कोई शक नहीं मगर
उसको मुशायरों ने ग़ज़ल-चोर कर दिया

उसने भी मुझको क़िस्से की सूरत भुला दिया
मैंने भी आरज़ूओं को दरगोर कर दिया

❖

36.

तू कभी देख तो रोते हुए आ कर मुझको
रोकना पड़ता है पलकों से समन्दर मुझको

इसमें आवारा मिज़ाजी का कोई दख़ल नहीं
दश्त-ओ-सहरा में फिराता है मुकद्दर मुझको

एक टूटी हुई कश्ती का मुसाफ़िर हूँ मैं
हाँ, निगल जायेगा एक रोज़ समन्दर मुझको

इससे बढ़ कर मेरी तौहीन-ए-अना क्या होगी
अब गदागर भी समझते हैं गदागर मुझको

ज़ख़्म चेहरे पे, लहू आँखों में, सीना छलनी
ज़िन्दगी, अब तो ओढ़ा दे कोई चादर मुझको

मेरी आँखों को वो बीनाई अता कर मौला
एक आँसू भी नज़र आये समन्दर मुझको

कोई इस बात को माने कि न माने लेकिन
चाँद लगता है तेरे माथे का झूमर मुझको

दुख तो ये है मेरा दुश्मन ही नहीं है कोई
ये मेरे भाई हैं कहते है जो बाबर मुझको

मुझसे आँगन का अँधेरा भी नहीं मिट पाया
और दुनिया है कि कहती है मुनव्वर मुझको

❖

37.

रोने में एक ख़तरा है तालाब नदी हो जाते हैं
हँसना भी आसान नहीं है लब ज़ख़्मी हो जाते हैं

स्टेशन से वापस आ कर बूढ़ी आँखें सोचती हैं
पत्ते देहाती रहते हैं फल शहरी हो जाते हैं

गाँव के भोले-भाले वासी आज तलक ये कहते हैं
हम तो न लेंगे जान किसी की राम दुखी हो जाते हैं

बोझ उठाना शौक़ कहाँ है मजबूरी का सौदा है
रहते-रहते इस्टेशन पर लोग कुली हो जाते हैं

सबसे हँस कर मिलिए-जुलिए लेकिन इतना ध्यान रहे
सबसे हँस कर मिलने वाले रुसवा भी हो जाते हैं

अपनी अना को बेच के अक्सर लुक़्म-ए-तर की चाहत में
कैसे-कैसे सच्चे शायर दरबारी हो जाते हैं

38.

मर्ज़ी-ए-मौला, मौला जाने
मैं क्या जानूँ, रब्बा जाने

डूबे कितने अल्ला जाने
पानी कितना दरिया जाने

आँगन की तक़सीम का क़िस्सा
मैं जानूँ या बाबा जाने

पढ़ने वाले पढ़ ले चेहरा
दिल का हाल तो अल्ला जाने

क़ीमत पीतल के घुँघरू की
शहर का सारा सोना जाने

हिज़रत करने वालों का ग़म
दरवाज़े का ताला जाने

गुलशन पर क्या बीत रही है
तोता जाने, मैना जाने

❖

39.

इस पेड़ में एक बार तो आ जायें समर भी
जो आग इधर है कभी लग जाये उधर भी

कुछ मेरी अना भी मुझे झुकने नहीं देती
कुछ इसकी इजाज़त नहीं देती है कमर भी

पहले मुझे बाज़ार में मिल जाती थी अक्सर
रुसवाई ने अब देख लिया है मेरा घर भी

इस वास्ते जी भर के उसे देख न पाये
सुनते हैं कि लग जाती है अपनों की नज़र भी

कुछ उसकी तवज्जो भी नहीं होती है मुझ पर
इस खेल से कुछ लगने लगा है मुझे डर भी

उस शहर में जीने की सज़ा काट रहा हूँ
महफ़ूज़ नहीं है जहाँ अल्लाह का घर भी

❖

40.

हाँ इजाज़त है अगर कोई कहानी और है
इन कटोरों में अभी थोड़ा-सा पानी और है

मज़हबी मज़दूर सब बैठे हैं इनको काम दो
एक इमारत शहर में काफ़ी पुरानी और है

ख़ामुशी कब चीख़ बन जाये किसे मालूम है
ज़ुल्म कर लो जब तलक ये बेज़बानी और है

खुश्क पत्ते आँख में चुभते हैं काँटों की तरह
दश्त में फिरना अलग है बाग़बानी और है

फिर वही उकताहटें होंगी बदन चौपाल में
उम्र के क़िस्से में थोड़ी-सी जवानी और है

बस इसी एहसास की शिद्दत ने बूढ़ा कर दिया
टूटे-फूटे घर में इक लड़की सयानी और है

❖

41.

कुछ मेरी वफ़ादारी का इनआम दिया जाये
इलज़ाम ही देना है तो इलज़ाम दिया जाये

ये आपकी ख़्वाहिश है तो फिर कुफ़्र है इनकार
ये आपकी महफ़िल है तो फिर जाम दिया जाये

एक उम्र हुई है हमें सहरा में भटकते
अब ख़ानाबदोशी को कोई नाम दिया जाये

तुमको नहीं बुझना है सहर होने से पहले
ये हुक्म चराग़ों को सर-ए-शाम दिया जाये

इस घर से तिही - दस्त नहीं जाता है कोई
क्या तुझको बता गर्दिश-ए-अय्याम दिया जाये

किस रंग की तितली तेरे आँचल की तरह है
किस फूल-से चेहरे को तेरा नाम दिया जाये

तिरशूल की तक़्सीम अगर जुर्म नहीं है
तिरशूल बनाने का हमें काम दिया जाये

कुछ फ़िरक़ापरस्तों के गले बैठ रहे हैं
सरकार उन्हें रौग़न-ए-बादाम दिया जाये।

❖

42.

गले मिलने को आपस में दुआएँ रोज़ आती हैं
अभी मस्जिद के दरवाज़े पे माँएँ रोज़ आती हैं

अभी रोशन है चाहत के दिये हम सबकी आँखों में
बुझाने के लिए पागल हवाएँ रोज़ आती हैं

ज़माना हो गया दंगे में इस घर को जले लेकिन
किसी बच्चे के रोने की सदाएँ रोज़ आती हैं

कोई मरता नहीं है, हाँ, मगर सब टूट जाते हैं
हमारे शहर में ऐसी वबाएँ रोज़ आती हैं

अभी दुनिया की चाहत ने मेरा पीछा नहीं छोड़ा
अभी मुझको बुलाने दाश्ताएँ रोज़ आती हैं

ये सच है नफ़रतों की आग ने सब कुछ जला डाला
मगर उम्मीद की ठण्डी हवाएँ रोज़ आती हैं

❖

43.

घरों को तोड़ता है ज़ेहन में नक़्शा बनाता है
कोई फिर ज़िद की ख़ातिर शहर को सहरा बनाता है

खुदा जब चाहता है रेत को दरिया बनाता है
फिर उस दरिया में मूसा के लिए रस्ता बनाता है

जो कल तक अपनी तख़्ती पर हमेशा अम्न लिखता था
वो बच्चा रेत पर जंग का नक़्शा बनाता है

मगर दुनिया इसी बच्चे को दहशतगर्द लिक्खेगी
अभी जो रेत पर अब माँ-बाप का चेहरा बनाता है

कहानीकार बैठा लिख रहा है आसमानों पर
ये कल मालूम होगा किसको अब वो क्या बनाता है

कहानी को मुसन्निफ़ मोड़ देने के लिए अक्सर
तुझे पत्थर बनाता है, मुझे शीशा बनाता है

❖

44.

सारा शबाब क़ैस ने सहरा को दे दिया
जो कुछ बचा हुआ था वो लैला को दे दिया

मुझ पर किसी का क़र्ज़ नहीं रह गया है अब
दुनिया से जो मिला था वो दुनिया को दे दिया

अब मेरे पास तेरी निशानी नहीं कोई
एक ख़त बचा हुआ था वो दरिया को दे दिया

दुनिया हमारा हक़ भी हमें दे नहीं सकी
पोटा भी हमसे छीन के राजा को दे दिया

फ़िरक़ापरस्त लोग हुकूमत में आ गये
बिल्ली के मुँह में आपने चिड़िया को दे दिया

❖

45.

न जाने कैसा मौसम हो दुशाला ले लिया जाये
उजाला मिल रहा है तो उजाला ले लिया जाये

चलो कुछ देर बैठें दोस्तों में ग़म ज़रूरी है
ग़ज़ल के वास्ते थोड़ा मसाला ले लिया जाये

बड़ी होने लगी है मूरतें आँगन में मिट्टी की
बहुत-से काम बाक़ी हैं सँभाला ले लिया जाये

सुना है इन दिनों बाज़ार में हर चीज़ मिलती है
किसी नक़्क़ाद से कोई मक़ाला ले लिया जाये

नुमाइश में जब आये हैं तो कुछ लेना ज़रूरी है
चलो कोई मुहब्बत करने वाला ले लिया जाये

❖

46.

चिराग़-ए-दिल बुझाना चाहता था
वो मुझको भूल जाना चाहता था

मुझे वो छोड़ जाना चाहता था
मगर कोई बहाना चाहता था

सफ़ेदी आ गयी बालों में उसके
वो बाइज़्ज़त घराना चाहता था

उसे नफ़रत थी अपने आपसे भी
मगर उसको ज़माना चाहता था

तमन्ना दिल की जानिब बढ़ रही थी
परिन्दा आशियाना चाहता था

बहुत ज़ख़्मी थे उसके होंट लेकिन
वो बच्चा मुस्कराना चाहता था

ज़बाँ ख़ामोश थी उसकी मगर वो
मुझे वापस बुलाना चाहता था

जहाँ पर कारख़ाने लग गये हैं
मैं एक बस्ती बसाना चाहता था

उधर किस्मत में वीरानी लिखी थी
इधर मैं घर बसाना चाहता था

वो सब कुछ याद रखना चाहता था
मैं सब कुछ भूल जाना चाहता था

❖

47.

नहीं होती अगर बारिश तो पत्थर हो गये होते
ये सारे लहलहाते खेत बंजर हो गये होते

तेरे दामन ने सारे शहर को सैलाब से रोका
नहीं तो मेरे ये आँसू समन्दर हो गये होते

तुम्हें अहले - सियासत ने कहीं का भी नहीं रक्खा
हमारे साथ रहते तो सुख़नवर हो गये होते

अगर आदाब कर लेते तो मसनद मिल गयी होती
अगर लहजा बदल लेते गवर्नर हो गये होते

❖

48.

ऐ अँधेरे, देख ले, मुँह तेरा काला हो गया
माँ ने आँखें खोल दीं घर में उजाला हो गया

राई के दाने बराबर भी न था जिसका वजूद
नफ़रतों के बीच रह कर वो हिमाला हो गया

एक आँगन की तरह ये शहर था कल तक मगर
नफ़रतों में टूट कर मोती की माला हो गया

शहर को जंगल बना देने में जो मशहूर था
आज कल सुनते हैं वो अल्लाह वाला हो गया

हम ग़रीबों में चले आये, बहुत अच्छा किया
आज थोड़ी देर को घर में उजाला हो गया

❖

49.

सरफिरे लोग हमें दुश्मन-ए-जाँ कहते हैं
हम जो इस मुल्क की मिट्टी को भी माँ कहते हैं

हम पे जो बीत चुकी है वो कहाँ लिक्खा है
हम पे जो बीत रही है वो कहाँ कहते हैं

वैसे ये बात बताने की नहीं है लेकिन
हम तेरे इश्क़ में बरबाद हैं, हाँ, कहते हैं

तुझको ऐ ख़ाक-ए-वतन मेरे तयम्मुम की क़सम
तू बता दे जो ये सजदों के निशाँ कहते हैं

आपने खुल के मुहब्बत नहीं की है हमसे
आप भाई नहीं कहते हैं, मियाँ कहते हैं

शायरी भी मेरी रुसवाई पे आमादा है
मैं ग़ज़ल कहता हूँ सब मरसिया-ख़्वाँ कहते हैं

❖

50.

एक-न-एक रोज़ तो होना है ये जब हो जाये
इश्क़ का कोई भरोसा नहीं कब हो जाये

हमें अजदाद की बू-बास नहीं है वरना
हम जहाँ सर को झुका दें वो अरब हो जाये

वो तो कहिए कि रवादारियाँ बाक़ी हैं अभी
वरना जो कुछ नहीं होता है वो सब हो जाये

ईद में यूँ तो कई रोज़ हैं बाक़ी लेकिन
तुम अगर छत पे चले जाओ ग़ज़ब हो जाये

सारे बीमार चले आते हैं तेरी जानिब
रफ़्ता-रफ़्ता तेरा घर भी न मतब हो जाये

❖

51.

बस इतनी बात पर उसने हमें बलवाई लिक्खा है
हमारे घर के एक बरतन पे आईएसआई लिक्खा है

ये मुमकिन ही नहीं छेड़ूँ न तुझको रास्ता चलते
तुझे ऐ मौत मैंने उम्र भर भौजाई लिक्खा है

मियाँ मसनद नशीनी मुफ़्त में कब हाथ आती है
दही को दूध लिक्खा, दूध को बालाई लिक्खा है

कई दिन हो गये सल्फ़ास खा कर मरने वालों को
मगर उसकी हथेली पर अभी शहनाई लिक्खा है

हमारे मुल्क में इन्सान अब घर में नहीं रहते
कहीं हिन्दू, कहीं मुस्लिम, कहीं ईसाई लिक्खा है

ये दुख शायद हमारी ज़िन्दगी के साथ जायेगा
कि जो दिल पर लगा है तीर उस पर भाई लिक्खा है

❖

52.

अजब दुनिया है नाशायर यहाँ पर सर उठाते हैं
जो शायर हैं वो महफ़िल में दरी-चादर उठाते हैं

तुम्हारे शहर में मय्यत को सब काँधा नहीं देते
हमारे गाँव में छप्पर भी सब मिल कर उठाते हैं

इन्हें फ़िरक़ापरस्ती मत सिखा देना कि ये बच्चे
ज़मीं से चूम कर तितली के टूटे पर उठाते हैं

समन्दर के सफ़र से वापसी का क्या भरोसा है
तो ऐ साहिल, ख़ुदा हाफ़िज़ कि हम लंगर उठाते हैं

ग़ज़ल, हम तेरे आशिक़ हैं मगर इस पेट की ख़ातिर
क़लम किस पर उठाना था, क़लम किस पर उठाते हैं

बुरे चेहरों की जानिब देखने की हद भी होती है
सँभलना आईनाख़ानो कि हम पत्थर उठाते हैं

❖

53.

आँखों में कोई ख़्वाब सुनहरा नहीं आता
इस झील पे अब कोई परिन्दा नहीं आता

हालात ने चेहरे की चमक छीन ली वरना
दो-चार बरस में तो बुढ़ापा नहीं आता

मुद्दत से तमन्नाएँ सजी बैठी हैं दिल में
इस घर में बड़े लोगों का रिश्ता नहीं आता

इस दर्जा मसायब के जहन्नुम में जला हूँ
अब कोई भी मौसम हो पसीना नहीं आता

मैं रेल में बैठा हुआ ये सोच रहा हूँ
इस दौर में आसानी से पैसा नहीं आता

अब क़ौम की तक़दीर बदलने को उठे हैं,
जिन लोगों को बचपन से ही क़लमा नहीं आता

बस तेरी मुहब्बत में चला आया हूँ वरना
यूँ सबके बुला लेने से राना नहीं आता

54.

साथ अपने रौनक़ें शायद उठा ले जायेंगे
जब कभी कॉलेज से कुछ लड़के निकाले जायेंगे

हो सके तो दूसरी कोई जगह दे दीजिए
आँख का काजल तो चन्द आँसू बहा ले जायेंगे

कच्ची सड़कों से लिपट कर बैलगाड़ी रो पड़ी
ग़ालिबन परदेस को कुछ गाँव वाले जायेंगे

हम तो इक अख़बार से काटी हुई तस्वीर हैं
जिसको काग़ज़ चुनने वाले कल उठा ले जायेंगे

हादसों की गर्द से ख़ुद को बचाने के लिए
माँ, हम अपने साथ बस तेरी दुआ ले जायेंगे

❖

55.

गौतम की तरह घर से निकल कर नहीं जाते
हम रात में छुप कर कहीं बाहर नहीं जाते

बचपन में किसी बात पे हम रूठ गये थे
उस दिन से इसी शहर में हैं, घर नहीं जाते

इक उम्र यूँ ही काट दी फ़ुटपाथ पे रह कर
हम ऐसे परिन्दे हैं जो उड़ कर नहीं जाते

उस वक़्त भी अक्सर तुझे हम ढूँढने निकले
जिस धूप में मज़दूर भी छत पर नहीं जाते

हर वार अकेले ही सहा करते हैं राना
हम साथ में ले कर कहीं लश्कर नहीं जाते

❖

56.

जो उसने लिक्खे थे ख़त कापियों में छोड़ आये
हम आज उसको बड़ी उलझनों में छोड़ आये

अगर हरीफ़ों में होता तो बच भी सकता था
ग़लत किया जो उसे दोस्तों में छोड़ आये

सफ़र का शौक़ भी कितना अजीब होता है
वो चेहरा भीगा हुआ आँसुओं में छोड़ आये

फिर उसके बाद वो आँखें कभी नहीं रोयीं
हम उनको ऐसी ग़लतफ़हमियों में छोड़ आये

महाज़े - जंग पे जाना बहुत ज़रूरी था
बिलखते बच्चे हम अपने घरों में छोड़ आये

जब एक वाक़या बचपन का हमको याद आया
हम उन परिन्दों को फिर घोंसलों में छोड़ आये

❖

57.

फ़रिश्ते आ के उनके जिस्म पर ख़ुशबू लगाते हैं
वो बच्चे रेल के डिब्बों में जो झाड़ू लगाते हैं

अँधेरी रात में अक़्सर सुनहरी मशअलें ले कर
परिन्दों की मुसीबत का पता जुगनू लगाते हैं

दिलों का हाल आसानी से कब मालूम होता है
कि पेशानी पे चन्दन तो सभी साधू लगाते हैं

ये माना आप को शोले बुझाने में महारत है
मगर वो आग जो मज़लूम के आँसू लगाते हैं

किसी के पाँव की आहट से दिल ऐसे उछलता है
छलाँगें जंगलों में जिस तरह आहू लगाते हैं

बहुत मुमकिन है अब मेरा चमन वीरान हो जाये
सियासत के शजर पर घोंसले उल्लू लगाते हैं

❖

58.

धँसती हुई क़ब्रों की तरफ़ देख लिया था
माँ-बाप के चेहरों की तरफ़ देख लिया था

दौलत से मुहब्बत तो नहीं थी मुझे लेकिन
बच्चों ने खिलौनों की तरफ़ देख लिया था

उस दिन से बहुत तेज़ हवा चलने लगी है
बस, मैंने चराग़ों की तरफ़ देख लिया था

अब तुमको बुलन्दी कभी अच्छी न लगेगी
क्यों ख़ाकनशीनों की तरफ़ देख लिया था

तलवार तो क्या, मेरी नज़र तक नहीं उट्ठी
उस शख़्स के बच्चों की तरफ़ देख लिया था

59.

तू हर परिन्दे को छत पर उतार लेता है
ये शौक़ वो है जो ज़ेवर उतार लेता है

मैं आसमाँ की बुलन्दी पे बारहा पहुँचा
मगर नसीब ज़मीं पर उतार लेता है

अमीरे-शहर की हमदर्दियों से बच के रहो
ये सर से बोझ नहीं, सर उतार लेता है

उसी को मिलता है एजाज़ भी ज़माने में
बहन के सर से जो चादर उतार लेता है

उठा है हाथ तो फिर वार भी ज़रूरी है
कि साँप आँखों में मंज़र उतार लेता है

❖

60.

मुफ़लिसी पासे - शराफ़त नहीं रहने देगी
ये हवा पेड़ सलामत नहीं रहने देगी

शहर के शोर से घबरा के अगर भागोगे
फिर तो जंगल में भी वहशत नहीं रहने देगी

कुछ नहीं होगा तो आँचल में छुपा लेगी मुझे
माँ कभी सर पे खुली छत नहीं रहने देगी

आप के पास ज़माना नहीं रहने देगा
आप से दूर मुहब्बत नहीं रहने देगी

शहर के लोग बहुत अच्छे हैं लेकिन मुझको
'मीर' जैसी ये तबीयत नहीं रहने देगी

रास्ता अब भी बदल दीजिए राना साहब
शायरी आप की इज़्ज़त नहीं रहने देगी

❖

61.

दश्तो-सहरा में कभी उजड़े खँडर में रहना
उम्र भर कोई न चाहेगा सफ़र में रहना

ऐ ख़ुदा, फूल-से बच्चों की हिफ़ाज़त करना
मुफ़लिसी चाह रही है मेरे घर में रहना

इसलिए बैठी हैं दहलीज़ पे मेरी बहनें
फल नहीं चाहते ता-उम्र शजर में रहना

मुद्दतों बाद कोई शख़्स है आने वाला
ऐ मेरे आँसुओ, तुम दीद-ए-तर में रहना

किस को ये फ़िक्र कि हालात कहाँ आ पहुँचे
लोग तो चाहते हैं सिर्फ़ ख़बर में रहना

मौत लगती है मुझे अपने मकाँ की मानिन्द
ज़िन्दगी जैसे किसी और के घर में रहना

❖

62.

हँसते हुए माँ-बाप की गाली नहीं खाते
बच्चे हैं तो क्यों शौक़ से मिट्टी नहीं खाते

तुम से नहीं मिलने का इरादा तो है लेकिन
तुम से न मिलेंगे, ये क़सम भी नहीं खाते

सो जाते हैं फ़ुटपाथ पे अख़बार बिछा कर
मज़दूर कभी नींद की गोली नहीं खाते

बच्चे भी ग़रीबी को समझने लगे शायद
जब जाग भी जाते हैं तो सहरी नहीं खाते

दावत तो बड़ी चीज़ है हम जैसे क़लन्दर
हर एक के पैसों की दवा भी नहीं खाते

अल्लाह ग़रीबों का मददगार है राना
हम लोगों के बच्चे कभी सर्दी नहीं खाते

❖

63.

जिस्म का बरसों पुराना ये खँडर गिर जायेगा
आँधियों का ज़ोर कहता है शजर गिर जायेगा

हम तवक़्क़ो से ज़्यादा सख़्तजाँ साबित हुए
वो समझता था कि पत्थर से समर गिर जायेगा

अब मुनासिब है कि तुम काँटों को दामन सौंप दो
फूल तो ख़ुद ही किसी दिन सूख कर गिर जायेगा

मेरी गुड़िया-सी बहन को ख़ुदकुशी करना पड़ी
क्या ख़बर थी, दोस्त मेरा इस क़दर गिर जायेगा

इसलिए मैंने बुज़ुर्गों की ज़मीनें छोड़ दीं
मेरा घर जिस दिन बसेगा, तेरा घर गिर जायेगा

❖

64.

मेरे कमरे में अँधेरा नहीं रहने देता
आपका ग़म मुझे तनहा नहीं रहने देता

वो तो ये कहिए कि शमशीर-ज़नी आती थी
वरना दुश्मन हमें ज़िन्दा नहीं रहने देता

मुफ़लिसी घर में ठहरने नहीं देती हमको
और परदेस में बेटा नहीं रहने देता

तिश्नगी मेरा मुक़द्दर है इसी से शायद
मैं परिन्दों को भी प्यासा नहीं रहने देता

रेत पर खेलते बच्चों को अभी क्या मालूम
कोई सैलाब घरौंदा नहीं रहने देता

ग़म से लछमन की तरह भाई का रिश्ता है मेरा
मुझको जंगल में अकेला नहीं रहने देता

❖

65.

हम पर अब इसलिए ख़ंजर नहीं फेंका जाता
ख़ुश्क तालाब में कंकर नहीं फेंका जाता

उसने रक्खा है हिफ़ाज़त से हमारे ग़म को
औरतों से कभी ज़ेवर नहीं फेंका जाता

मेरे अजदाद ने रौंदे हैं समन्दर सारे
मुझ से तूफ़ान में लंगर नहीं फेंका जाता

लिपटी रहती है तेरी याद हमेशा हमसे
कोई मौसम हो ये मफ़लर नहीं फेंका जाता

जो छुपा लेता हो दीवार की उरयानी को
दोस्तो! ऐसा कलेंडर नहीं फेंका जाता

गुफ़्तगू फ़ोन पे हो जाती है राना साहब
अब किसी छत पे कबूतर नहीं फेंका जाता

❖

66.

कभी ख़ुशी से ख़ुशी की तरफ़ नहीं देखा
तुम्हारे बाद किसी की तरफ़ नहीं देखा

ये सोच कर कि तेरा इन्तज़ार लाज़िम है
तमाम उम्र घड़ी की तरफ़ नहीं देखा

यहाँ तो जो भी है आबे-रवाँ का आशिक़ है
किसी ने ख़ुश्क नदी की तरफ़ नहीं देखा

वो जिसके वास्ते परदेस जा रहा हूँ मैं
बिछड़ते वक़्त उसी की तरफ़ नहीं देखा

न रोक ले हमें रोता हुआ कोई चेहरा
चले तो मुड़ के गली की तरफ़ नहीं देखा

रविश बुज़ुर्गों की शामिल है मेरी घुट्टी में
ज़रूरतन भी सख़ी की तरफ़ नहीं देखा

❖

67.

हालाँकि हमें लौट के जाना भी नहीं है
कश्ती मगर इस बार जलाना भी नहीं है

तलवार न छूने की क़सम खायी है लेकिन
दुश्मन को कलेजे से लगाना भी नहीं है

ये देख के मक़तल में हँसी आती है मुझको
सच्चा मेरे दुश्मन का निशाना भी नहीं है

मैं हूँ, मेरा बच्चा है, खिलौनों की दुकाँ है
अब कोई मेरे पास बहाना भी नहीं है

पहले की तरह आज भी हैं तीन ही शायर
ये राज़ मगर सबको बताना भी नहीं है

❖

68.

नाकामियों के बाद भी हिम्मत वही रही
ऊपर का दूध पी के भी ताक़त वही रही

शायद ये नेकियाँ हैं हमारी कि हर जगह
दस्तार के बग़ैर भी इज़्ज़त वही रही

मैं सर झुका के शहर में चलने लगा मगर
मेरे मुख़ालफ़ीन में दहशत वही रही

जो कुछ मिला था माले-ग़नीमत में लुट गया
मेहनत से जो कमायी थी दौलत वही रही

क़दमों में ला के डाल दीं सब नेमतें मगर
सौतेली माँ को बच्चे से नफ़रत वही रही

खाने की चीज़ें माँ ने जो भेजी हैं गाँव से
बासी भी हो गयी हैं तो लज़्ज़त वही रही

❖

69.

बजाय इसके कि संसद दिखायी देने लगे
ख़ुदा करे तुझे गुम्बद दिखायी देने लगे

वतन से दूर भी यारब वहाँ पे दम निकले
जहाँ से मुल्क की सरहद दिखायी देने लगे

शिकारियों से कहो सर्दियों का मौसम है
परिन्दे झील पे बेहद दिखायी देने लगे

मेरे ख़ुदा मेरी आँखों से मेरी रोशनी ले ले
कि भीख माँगते सय्यद दिखायी देने लगे

हैं ख़ानाजंगी के आसार मुल्क में राना
कि हर तरफ़ यहाँ नारद दिखायी देने लगे

❖

70.

बहुत हसीन-सा इक बाग़ घर के नीचे है
मगर सुकून पुराने शजर के नीचे है

मुझे कढ़े हुए तकियों की क्या ज़रूरत है
किसी का हाथ अभी मेरे सर के नीचे है

ये हौसला है जो मुझ से उक़ाब डरते हैं
वगरना गोश्त कहाँ बालो - पर के नीचे है

उभरती-डूबती मौजें हमें बताती हैं
कि पुरसुकून समन्दर भँवर के नीचे है

बिलख रहे हैं ज़मीनों पे भूख से बच्चे
मेरे बुज़ुर्गों की दौलत खँडर के नीचे है

अब इससे बढ़ के मुहब्बत का कुछ सुबूत नहीं
कि आज तक तेरी तस्वीर सर के नीचे है

मुझे ख़बर नहीं जन्नत बड़ी कि माँ, लेकिन
बुज़ुर्ग कहते हैं जन्नत बशर के नीचे है

❖

71.

मैं उसको छोड़ न पाया बुरी लतों की तरह
वो मेरे साथ है बचपन की आदतों की तरह

मुझे सँभालने वाला कहाँ से आयेगा
मैं गिर रहा हूँ पुरानी इमारतों की तरह

हँसा-हँसा के रुलाती है रात-दिन दुनिया
सुलूक इसका है अय्याश औरतों की तरह

वफ़ा की राह मिलेगी इसी तमन्ना में
भटक रही है मुहब्बत भी उम्मतों की तरह

मता-ए-दर्द लुटी तो लुटी ये दिल भी कहीं
न डूब जाय ग़रीबों की उजरतों की तरह

ख़ुदा करे कि उमीदों के हाथ पीले हों
अभी तलक तो गुज़ारी है इद्दतों की तरह

यहाँ पे दफ्न हैं मासूम ख़्वाहिशें राना
हमारा दिल भी है बच्चों की तुरबतों की तरह

❖

72.

इसी गली में वो भूखा किसान रहता है
ये वो ज़मीं है जहाँ आसमान रहता है

मैं डर रहा हूँ हवा से ये पेड़ गिर न पड़े
कि इस पे चिड़ियों का इक ख़ानदान रहता है

सड़क पे घूमते पागल की तरह दिल है मेरा
हमेशा चोट का ताज़ा निशान रहता है

तुम्हारे ख़्वाबों से आँखें महकती रहती हैं
तुम्हारी याद से दिल ज़ाफ़रान रहता है

हमें हरीफ़ों की तादाद क्यों बताते हो
हमारे साथ भी बेटा जवान रहता है

सजाये जाते हैं मक़तल मेरे लिए राना
वतन में रोज़ मेरा इम्तहान रहता है

73.

निहत्था देख के मुझको लड़ाई करता है
जो काम उसने किया है वो भाई करता है

शिकायतों को नये ज़ाविये दिये उसने
वो आईने से हमारी बुराई करता है

यहाँ रहोगे तो कुछ दिन में जान जाओगे
ज़मीर बेचने वाला कमाई करता है

ये देखना है कहानी कहाँ बदलती है
अभी तलक तो वही बेवफ़ाई करता है

हमारे दिल पर हुकूमत उसी की रहती है
ख़ुदा नहीं है मगर वो ख़ुदाई करता है

उसे ग़रीबों से हमदर्दियाँ नहीं राना
वो अपने नाम की ख़ातिर भलाई करता है

❖

74.

कोई चेहरा किसी को उम्र भर अच्छा नहीं लगता
हसीं है चाँद भी, शब भर मगर अच्छा नहीं लगता

अगर इस्कूल में बच्चे हों घर अच्छा नहीं लगता
परिन्दों के न होने से शजर अच्छा नहीं लगता

कभी चाहत पे शक करते हुए ये भी नहीं सोचा
तुम्हारे साथ क्यों रहते अगर अच्छा नहीं लगता

ज़रूरत मुझको समझौते पे आमादा तो करती है
मुझे हाथों को फैलाते मगर अच्छा नहीं लगता

मुझे इतना सताया है मेरे अपने अज़ीज़ों ने
कि अब जंगल भला लगता है घर अच्छा नहीं लगता

मेरा दुश्मन कहीं मिल जाये तो इतना बता देना
मेरी तलवार को शानों पे सर अच्छा नहीं लगता

❖

75.

नुमाइश के लिए गुलकारियाँ दोनों तरफ़ से हैं
लड़ाई की मगर तैयारियाँ दोनों तरफ़ से हैं

मुलाक़ातों पे हँसते-बोलते हैं, मुस्कुराते हैं
तबीयत में मगर बेज़ारियाँ दोनों तरफ़ से हैं

खुले रखते हैं दरवाज़े दिलों के रात-दिन दोनों
मगर सरहद पे पहरेदारियाँ दोनों तरफ़ से हैं

उसे हालात ने रोका मुझे मेरे मसायल ने
वफ़ा की राह में दुश्वारियाँ दोनों तरफ़ से हैं

मेरा दुश्मन मुझे तकता है मैं दुश्मन को तकता हूँ
कि हायल राह में किलकारियाँ दोनों तरफ़ से हैं

मुझे घर भी वतन को भी बचाना है
मेरे काँधे पे ज़िम्मेदारियाँ दोनों तरफ़ से हैं

❖

76.

वो मुझे जुरअते-इज़हार से पहचानता है मेरा
दुश्मन भी मुझे वार से पहचानता है

शहर वाक़िफ़ है मेरे फ़न की बदौलत मुझसे
आपको जुब्बा-ओ-दस्तार से पहचानता है

फिर कबूतर की वफ़ादारी पे शक मत करना
वो तो घर को इसी मीनार से पहचानता है

कोई दुख हो कभी कहना नहीं पड़ता उससे
वो ज़रूरत को तलबगार से पहचानता है

उसको ख़ुशबू के परखने का सलीक़ा ही नहीं
फूल को क़ीमते-बाज़ार से पहचानता है

❖

77.

पैरों को मेरे दीद-ए-तर बाँधे हुए है
जंज़ीर की सूरत मुझे घर बाँधे हुए है

हर चेहरे में आता है नज़र एक ही चेहरा
लगता है कोई मेरी नज़र बाँधे हुए है

बिछड़ेंगे तो मर जायेंगे हम दोनों बिछड़ कर
इक डोर में हमको यही डर बाँधे हुए है

परवाज़ की ताक़त भी नहीं बाक़ी है लेकिन
सैयाद अभी तक मेरे पर बाँधे हुए है

आँखें तो उसे घर से निकलने नहीं देतीं
आँसू है कि सामाने-सफ़र बाँधे हुए है

हम हैं कि कभी ज़ब्त का दामन नहीं छोड़ा
दिल है कि धड़कने पे कमर बाँधे हुए है

फेंकी न मुनव्वर ने बुजुर्गों की निशानी
दस्तार पुरानी है मगर बाँधे हुए है

78.

वो महफ़िल में नहीं खुलता है तनहाई में खुलता है
समुन्दर कितना गहरा है ये गहराई में खुलता है

जब उससे गुफ़्तगू कर ली तो फिर शजरा नहीं पूछा
हुनर बख़ियागरी का एक तुरपाई में खुलता है

हमारे साथ रहता है वो दिन भर अजनबी बन कर
हमेशा चाँद हमसे शब की तनहाई में खुलता है

मेरी आँखें जहाँ पर भी खुलें वो पास होते हैं
ये दरवाज़ा हमेशा उनकी अँगनाई में खुलता है

मेरी तौबा ख़ड़ी रहती है सहमी लड़कियों जैसी
भरम तक़वे का उसकी एक अँगड़ाई में खुलता है

फ़क़त ज़ख़्मों से तकलीफ़ें कहाँ मालूम होती हैं
पुरानी कितनी चोटें हैं, ये पुरवाई में खुलता है

❖

79.

हम कुछ ऐसे तेरे दीदार में खो जाते हैं
जैसे बच्चे भरे बाज़ार में खो जाते हैं

मुस्तक़िल जूझना यादों से बहुत मुश्किल है
रफ़्ता-रफ़्ता सभी घर-बार में खो जाते हैं

इतना साँसों की रफ़ाक़त पे भरोसा न करो
सब-के-सब मिट्टी के अम्बार में खो जाते हैं

मेरी ख़ुद्दारी ने एहसान किया है मुझ पर
वरना जो जाते हैं, दरबार में खो जाते हैं

ढूँढने रोज़ निकलते हैं मसायल हमको
रोज़ हम सुर्ख़ी-ए-अख़बार में खो जाते हैं

क्या क़यामत है कि सहराओं के रहने वाले
अपने घर के दर-ओ-दीवार में खो जाते हैं

कौन फिर ऐसे में तनक़ीद करेगा तुझ पर
सब तेरे जुब्बा-ओ-दस्तार में खो जाते हैं

❖

80.

मियाँ मैं शेर हूँ, शेरों की गुर्राहट नहीं जाती
मैं लहजा नर्म भी कर लूँ तो झुँझलाहट नहीं जाती

मैं एक दिन बेख़याली में कहीं सच बोल बैठा था
मैं कोशिश कर चुका हूँ, मुँह की कड़वाहट नहीं जाती

जहाँ मैं हूँ वहाँ आवाज़ देना जुर्म ठहरा है
जहाँ वो है वहाँ तक पाँव की आहट नहीं जाती

मुहब्बत का ये जज़्बा जब ख़ुदा की देन है भाई
तो मेरे रास्ते से क्यों ये दुनिया हट नहीं जाती

वो मुझसे बेतक़ल्लुफ़ हो के मिलता है मगर राना
न जाने क्यों मेरे चेहरे से घबराहट नहीं जाती

❖

81.

जिसे दुश्मन समझता हूँ वही अपना निकलता है
हर एक पत्थर से मेरे सर का कुछ रिश्ता निकलता है

डरा-धमका के तुम हमसे वफ़ा करने को कहते हो
कहीं तलवार से भी पाँव का काँटा निकलता है!

ज़रा-सा झुटपुटा होते ही छुप जाता है सूरज भी
मगर इक चाँद है जो शब में भी तनहा निकलता है

किसी के पास आते हैं तो दरिया सूख जाते हैं
किसी की एड़ियों से रेत में चश्मा निकलता है

फ़िज़ा में घोल दी हैं नफ़रतें अहल-ए-सियासत ने
मगर पानी कुएँ का आज तक मीठा निकलता है

जिसे भी जुर्म-ए-ग़द्दारी से तुम सब क़त्ल करते हो
उसी की जेब में क्यों मुल्क का झण्डा निकलता है

दुआएँ माँ की, पहुँचाने को मीलों-मील जाती हैं
कि जब परदेस जाने के लिए बेटा निकलता है

❖

82.

मुहब्बत करने वाला ज़िन्दगी भर कुछ नहीं कहता
कि दरिया शोर करता है, समन्दर कुछ नहीं कहता

तो क्या मजबूरियाँ बेजान चीज़ें भी समझती हैं
गले से जब उतरता है तो ज़ेवर कुछ नहीं कहता

बड़ा गहरा नशा होता है मैदानों में मरने का
कि जो देते हुए लश्कर-का-लश्कर कुछ नहीं कहता

हमारी इल्तिजाएँ बेज़बाँ बच्चों की जैसी हैं
बज़ाहिर तो किसी से रेत का घर कुछ नहीं कहता

हमेशा सब्र को रुसवा किया है भीगी आँखों ने
ज़रूरत चीख़ पड़ती है गदागर कुछ नहीं कहता

मेरे दिल से मेरे चेहरे का समझौता मज़े का है
ये अन्दर कुछ नहीं कहता, वो बाहर कुछ नहीं कहता

❖

83.

हम कभी जब दर्द के क़िस्से सुनाने लग गये
लफ़्ज़ फूलों की तरह ख़ुशबू लुटाने लग गये

लौटने में कम पड़ेगी उम्र की पूँजी हमें
आप तक आने ही में हमको ज़माने लग गये

आपने आबाद वीराने किये होंगे बहुत
आपकी ख़ातिर मगर हम तो ठिकाने लग गये

दिल समन्दर के किनारे का वो हिस्सा है जहाँ
शाम होते ही बहुत-से शामियाने लग गये

बेबसी तेरी इनायत है कि हम भी आजकल
अपने आँसू अपने दामन पर बहाने लग गये

उँगलियाँ थामे हुए बच्चे चले इस्कूल को
सुबह होते ही परिन्दे चहचहाने लग गये

कर्फ़्यू में और क्या करते मदद एक लाश की
बस अगरबत्ती की सूरत हम सिरहाने लग गये

❖

84.

सबके कहने से इरादा नहीं बदला जाता
हर सहेली से दुपट्टा नहीं बदला जाता

हम कि शायद हैं सियासत नहीं आती हमको
हमसे मुँह देख के लहजा नहीं बदला जाता

हम फ़क़ीरों को फ़क़ीरी का नशा रहता है
वरना क्या शहर में शजरा नहीं बदला जाता

ऐसा लगता है कि वो भूल गया है हमको अब
कभी खिड़की का पर्दा नहीं बदला जाता

अब रुलाया है तो हँसने पे न मज़बूर कर
रोज बीमारी का नुस्ख़ा नहीं बदला जाता

ग़म से फुरसत ही कहाँ है कि तुझे याद करूँ
इतनी लाशें हों तो काँधा नहीं बदला जाता

उम्र एक तल्ख़ हक़ीकत है मुनव्वर फिर भी
जितने तुम बदले हो, उतना नहीं बदला जाता

85.

मुसलसल गेसुओं की बरहमी अच्छी नहीं होती
हवा सबके लिए ये मौसमी अच्छी नहीं होती

न जाने कब कहाँ पर कोई तुमसे ख़ूँबहा माँगे
बदन में ख़ून की इतनी कमी अच्छी नहीं होती

ये हम भी जानते हैं ओढ़ने में लुत्फ़ आता है
मगर सुनते हैं चादर रेशमी अच्छी नहीं होती

ग़ज़ल तो फूल-से बच्चों की मीठी मुस्कुराहट है
ग़ज़ल के साथ इतनी रुस्तमी अच्छी नहीं होती

मुनव्वर माँ के आगे यूँ कभी खुल कर नहीं रोना
जहाँ बुनियाद हो, इतनी नमी अच्छी नहीं होती

❖

86.

जहाँ तक हो सका हमने तुम्हें पर्दा कराया है
मगर ऐ आँसुओ, तुमने बहुत रुसवा कराया है

चमक ऐसे नहीं आती है ख़ुद्दारी के चेहरे पर
अना को हमने दो-दो वक़्त का फ़ाक़ा कराया है

बड़ी मुद्दत पे खायी हैं ख़ुशी से गालियाँ हमने
बड़ी मुद्दत से उसने आज मुँह मीठा कराया है

बिछड़ना उसकी ख़्वाहिश थी, न मेरी आरज़ू लेकिन
ज़रा-सी ज़िद ने इस आँगन का बँटवारा कराया है

कहीं परदेस की रंगीनियों में खो नहीं जाना
किसी ने घर से चलते वक़्त ये वादा कराया है

❖

87.

शरीफ़ इन्सान आख़िर क्यों इलेक्शन हार जाता है
क़िताबों में तो ये लिक्खा था रावन हार जाता है

जुड़ी हैं इससे तहज़ीबें सभी तस्लीम करते हैं
नुमाइश में मगर मिट्टी का बरतन हार जाता है

मुझे मालूम है तुमने बहुत बरसातें देखी हैं
मगर मेरी इन्हीं आँखों से सावन हार जाता है

अभी मौजूद है इस गाँव की मिट्टी में खुद्दारी
अभी बेवा की ग़ैरत से महाजन हार जाता है

अगर एक क़ीमती बाज़ार की सूरत है ये दुनिया
तो फिर क्यों काँच की चूड़ी से कंगन हार जाता है

❖

88.

हर एक शख़्स ख़फ़ा-सा दिखायी देता है
चहार सम्त कुहासा दिखायी देता है

हर एक नदी उसे सैराब कर चुकी है मगर
समन्दर आज भी प्यासा दिखायी देता है

ज़रूरतों ने अजब हाल कर दिया है कि अब
तमाम जिस्म ही कासा दिखायी देता है

वहाँ पहुँच के ज़मीनों को भूल जाओगे
यहाँ से चाँद ज़रा-सा दिखायी देता है

खिलेंगे फूल अभी और भी जवानी के
अभी तो एक मुँहासा दिखायी देता है

मैं अपनी जान बचा कर निकल नहीं सकता
कि क़ातिलों में शनासा दिखायी देता है

❖

89.

आपको चेहरे से भी बीमार होना चाहिए
इश्क़ है तो इश्क़ का इज़हार होना चाहिए

आप दरिया हैं तो फिर इस वक़्त हम ख़तरे में हैं
आप कश्ती हैं तो हमको पार होना चाहिए

ऐरे-ग़ैरे लोग भी पढ़ने लगे हैं इन दिनों
आपको औरत नहीं, अख़बार होना चाहिए

ज़िन्दगी तू कब तलक दर-दर फिरायेगी हमें
टूटा-फूटा ही सही, घर-बार होना चाहिए

अपनी यादों से कहो एक दिन की छुट्टी दें मुझे
इश्क़ के हिस्से में भी इतवार होना चाहिए

❖

90.

अमीर-ए-शहर को तलवार करने वाला हूँ
मैं जी हुज़ूरी से इनकार करने वाला हूँ

कहो अँधेरे से दामन समेट ले अपना
मैं जुगनुओं को अलमदार करने वाला हूँ

तुम अपने शहर के हालात जान सकते हो
मैं अपने चेहरे को अख़बार करने वाला हूँ

मैं चाहता था कि भाई का साथ छूट न जाये
मगर वो समझा कि मैं वार करने वाला हूँ

बदन का कोई भी हिस्सा ख़रीद सकते हो
मैं अपने जिस्म को बाज़ार करने वाला हूँ

तुम अपनी आँखों से सुनना मेरी कहानी को
लब-ए-ख़ामोश से इज़हार करने वाला हूँ

हमारी राह में हायल कोई नहीं होगा
तू एक दरिया है, मैं पार करने वाला हूँ

❖

91.

मिट्टी में मिला दे कि जुदा हो नही सकता
अब इससे ज़्यादा मैं तेरा हो नहीं सकता

दह्लीज़ में रख दी हैं किसी शख़्स ने आँखें
रौशन कभी इतना तो दिया हो नहीं सकता

बस तू मेरी आवाज़ से आवाज़ मिला दे
फिर देख कि इस शहर में क्या हो नहीं सकता

दरबार में जाना मेरा दुश्वार बहुत है
जो शख़्स क़लन्दर हो गदा हो नहीं सकता

ऐ मौत, मुझे तूने मुसीबत से निकाला
सय्याद समझता था रिहा हो नहीं सकता

इस ख़ाक बदन को कभी पहुँचा दे वहाँ भी
क्या इतना करम बाद-ए-सबा हो नहीं सकता

पेशानी को सजदे भी अता कर मेरे मौला
आँखों से तो ये क़र्ज़ अदा हो नहीं सकता

❖

92.

मैं अपने हलक़ से अपनी छुरी गुज़ारता हूँ
बड़े ही कर्ब हैं ये ज़िन्दगी गुज़ारता हूँ

तसव्वुरात की दुनिया भी ख़ूब होती है
मैं रोज़ सहरा से कोई नदी गुज़ारता हूँ

मैं एक हक़ीर-सा जुगनू सही मगर फिर भी
मैं हर अँधेरे में कुछ रौशनी गुज़ारता हूँ

यही तो फ़न है कि मैं इस बुरे ज़माने में
समाअतों से नयी शायरी गुज़ारता हूँ

कहीं पे बैठ के हँसना, कहीं पे रो देना
मैं ज़िन्दगी भी बड़ी दोग़ली गुज़ारता हूँ

❖

93.

मैं दहशतगर्द था मरने पे बेटा बोल सकता है
हुकूमत के इशारे पर तो मुर्दा बोल सकता है

कई चेहरे अभी तक मुँह-ज़ुबानी याद हैं उसको
कहीं तू पूछ मत लेना ये गूँगा बोल सकता है

यहाँ पर नफ़रतों ने कैसे-कैसे गुल खिलाये हैं
लुटी इस्मत बता देगी दुपट्टा बोल सकता है

हुकुमत की तवज्जो चाहती है हर जली बस्ती
अदालत पूछना चाहे तो मलबा बोल सकता है

अदालत में गवाही के लिए लाशें नहीं आतीं
वो आँखें बुझ चुकी हैं फिर भी चश्मा बोल सकता है

सियासत इन दिनों इन्सान के ख़ूँ से नहाती है
गवाही की ज़रूरत हो तो दरिया बोल सकता है

बहुत-सी कुर्सियाँ इस मुल्क में लाशों में रक्खी हैं
ये वो सच है जिसे झूठे से झूठा बोल सकता है

सियासत की कसौटी पर परखिए मत वफ़ादारी
किसी दिन इनक़ामन मेरा गुस्सा बोल सकता है

❖

94.

थकी-माँदी हुई बेचारियाँ आराम करती हैं
न छेड़ो ज़ख़्म को बीमारियाँ आराम करती हैं

अमीर-ए-शहर के घर में ये मंज़र देख सकते हो
हवस मसरूफ़ है ख़ुद्दारियाँ आराम करती हैं

सुला कर अपने बच्चे को यही हर माँ समझती है
कि उसकी गोद में किलकारियाँ आराम करती हैं

किसी दिन ऐ समन्दर झाँक मेरे दिल के सहरा में
न जाने कितनी ही तहदारियाँ आराम करती हैं

अभी तक दिल में रौशन हैं तुम्हारी याद के जुगनू
अभी इस राख में चिनगारियाँ आराम करती हैं

कहाँ रंगों की आमेज़िश की ज़हमत आप करते हैं
लहू से खेलिए पिचकारियाँ आराम करती हैं

❖

95.

ये संसद है यहाँ भगवान का भी बस नहीं चलता
जहाँ पीतल ही पीतल हो वहाँ पारस नहीं चलता

यहाँ पर हारने वाले की जानिब कौन देखेगा
सिकन्दर का इलाक़ा है यहाँ पोरस नहीं चलता

दरिन्दे ही दरिन्दे हों तो किसको कौन देखेगा
जहाँ जंगल ही जंगल हों वहाँ सरकस नहीं चलता

हमारे शहर से गंगा नदी हो कर गुज़रती है
हमारे शहर में महुए से निकला रस नहीं चलता

कहाँ तक साथ देंगी ये उखड़ती-टूटती साँसें
बिछड़ कर अपने साथी से कभी सारस नहीं चलता

ये मिट्टी अब मेरे साथी को क्यों जाने नहीं देती
ये मेरे साथ आया था तो क्यों वापस नहीं चलता

❖

96.

क़सम देता है बच्चों को बहाने से बुलाता है
धुआँ चिमनी का हमको कारख़ाने में बुलाता है

किसी दिन आँसुओ! वीरान आँखों में भी आ जाओ
ये रेगिस्तान बादल को ज़माने से बुलाता है

मैं उस मौसम में भी तनहा रहा हूँ जब सदा दे कर
परिन्दे को परिन्दा आशियाने से बुलाता है

मैं उसकी चाहतों को नाम कोई दे नहीं सकता
कि जाने से बिगड़ता है, न जाने से बुलाता है

❖

97.

झूठ बोला था तो यूँ मेरा दहन दुखता है,
सुबह दम जैसे तवायफ़ का बदन दुखता है

ख़ाली मटके की शिकायत पे हमें भी दुख है
ऐ ग्वाले, मगर अब गाय का थन दुखता है

उम्र भर साँप से शर्मिन्दा रहे ये सुन कर,
जब से इन्सान को काटा है तो फन दुखता है

ज़िन्दगी, तूने बहुत ज़ख़्म दिये हैं मुझको
अब तुझे याद भी करता हूँ तो मन दुखता है

❖

98.

यूँ आज कुछ चिराग़ हवा से उलझ पड़े
जैसे शबाब बन्द-ए-क़बा से उलझ पड़े

भेजे गये फ़रिश्ते हमारे बचाव को
जब हादसात माँ की दुआ से उलझ पड़े

मेरे बदन से उसकी ग़रीबी लिपट गयी
मेरी नज़र से उसके मुँहासे उलझ पड़े

उम्मत की सरबुलन्दी की ख़ातिर ख़ुदा गवाह
ज़ालिम से ख़ुद नबी के नवासे उलझ पड़े

❖

99.

उन घरों में जहाँ मिट्टी के घड़े रहते हैं
क़द में छोटे हों मगर लोग बड़े रहते हैं

जाओ, जा कर किसी दरवेश की अज़मत देखो
ताज पहने हुए पैरों में पड़े रहते हैं

जो भी दौलत थी वो बच्चों के हवाले कर दी
जब तलक मैं नहीं बैठूँ ये खड़े रहते हैं

मैंने फल देख के इन्सानों को पहचाना है
जो बहुत मीठे हों, अन्दर से सड़े रहते हैं

❖

100.

एक आँगन में दो आँगन हो जाते हैं
मत पूछा कर किस कारन हो जाते हैं

हुस्न की दौलत मत बाँटा कर लोगों में
ऐसे-वैसे लोग महाजन हो जाते हैं

ख़ुशहाली में सब होते हैं ऊँची ज़ात
भूखे-नंगे लोग हरिजन हो जाते हैं

राम की बस्ती में जब दंगा होता है
हिन्दू-मुस्लिम सब रावन हो जाते हैं

❖

101.

कुछ रोज़ से हम सिर्फ़ यही सोच रहे हैं
अब हमको किसी बात का ग़म क्यों नहीं होता

पत्थर हूँ तो क्यों तोड़ने वाले नहीं आते
सर हूँ तो तेरे सामने ख़म क्यों नहीं होता

जब मैंने ही शहज़ादी की तस्वीर बनायी
दरबार में ये हाथ क़लम क्यों नहीं होता

पानी है तो क्यों जानिबे - दरिया नहीं जाता
आँसू है तो तेज़ाब में ज़म क्यों नहीं होता

❖

102.

ये देख कर पतंगें भी हैरान हो गयीं
अब तो छतें भी हिन्दू-मुसलमान हो गयीं

क्या शहर-ए-दिल में जश्न-सा रहता था रात-दिन
क्या बस्तियाँ थी, कैसी बियाबान हो गयीं

आ जा कि चन्द साँसें बची हैं हिसाब से
आँखें तो इन्तज़ार में लोबान हो गयीं

उसने बिछड़ते वक़्त कहा था कि हँस के देख
आँखें तमाम उम्र को वीरान हो गयीं

❖

103.

खिलौने की तरफ़ बच्चे को माँ जाने नहीं देती
मगर आगे खिलौनों की दुकाँ जाने नहीं देती

अना ने मेरे बच्चों की हँसी भी छीन ली मुझसे
यहाँ जाने नहीं देती, वहाँ जाने नहीं देती

ज़रूरत रोज़ हिज़रत के लिए आवाज़ देती है
मुहब्बत छोड़ कर हिन्दोस्ताँ जाने नहीं देती

❖

104.

अभी तक कुछ नहीं बिगड़ा, अभी बीमार ज़िन्दा है
अभी इस शहर में उर्दू का एक अख़बार ज़िन्दा है

नदी की तरह होती है, ये सरहद की लकीरें भी
कोई इस पार ज़िन्दा है, कोई उस पार ज़िन्दा है

ख़ुदा के वास्ते ऐ बेज़मीरी गाँव मत आना
यहाँ भी लोग मरते हैं मगर किरदार ज़िन्दा है

❖

105.

ज़रूरत से अना का भारी पत्थर टूट जाता है
मगर फिर आदमी भी अन्दर-अन्दर टूट जाता है

ख़ुदा के वास्ते इतना न मुझको टूट कर चाहो
ज़ियादा भीख मिलने से गदागर टूट जाता है

तुम्हारे शहर में रहने को तो रहते हैं हम लेकिन
कभी हम टूट जाते हैं, कभी घर टूट जाता है

❖

106.

ख़ुदा-ना-ख़्वास्ता दोज़ख़ मकानी हो गये होते
ज़रा-सा चूकते तो क़ादियानी हो गये होते

अमीर-ए-शहर की शोहरत ने पत्थर कर दिया वरना
तुम्हारी आँख में रहते तो पानी हो गये होते

तेरी यादों ने बख़्शी है हमें ये ज़िम्दगी वरना
बहुत पहले ही हम क़िस्सा-कहानी हो गये होते

❖

107.

सियासत से अदब की दोस्ती बेमेल लगती है
कभी देखा है पत्थर पे भी कोई बेल लगती है?

ये सच है, हम भी कल तक ज़िन्दगी पर नाज़ करते थे
मगर अब ज़िन्दगी पटरी से उतरी रेल लगती है

ग़लत बाज़ार की जानिब चले आये हैं हम शायद
चलो, संसद में चलते हैं वहाँ भी सेल लगती है

कोई भी अन्दरूनी गन्दगी बाहर नहीं होती
हमें तो इस हुकूमत की भी किडनी फ़ेल लगती है

❖

108.

किसी का क़द बढ़ा देना, किसी के क़द को कम कहना
हमें आता नहीं ना-मोहतरम को मोहतरम कहना

चलो चलते हैं, मिल-जुल कर वतन पर जान देते हैं
बहुत आसान है कमरे में वन्देमातरम कहना

बहुत मुमकिन है मुझसे हाल-ए-दिल वो पूछ ही बैठे
मैं मुँह से कुछ नहीं बोलूँगा तू ही चश्म-ए-नम कहना

❖

109.

जिस्म पर मिट्टी मलेंगे पाक हो जायेंगे हम
ऐ ज़मीं इक दिन तेरी ख़ुराक़ हो जायेंगे हम

ऐ ग़रीबी, देख रस्ते में हमें मत छोड़ना
ऐ अमीरी, दूर रह, नापाक हो जायेंगे हम

❖

110.

हमारे कुछ गुनाहों की सज़ा भी साथ चलती है
हम अब तनहा नहीं चलते, दवा भी साथ चलती है

अभी ज़िन्दा है माँ मेरी मुझे कुछ भी नहीं होगा
मैं घर से जब निकलता हूँ दुआ भी साथ चलती है

❖

111.

ज़िन्दगी से हर ख़ुशी अब ग़ैरहाज़िर हो गयी
इक शकर होना थी बाक़ी वो भी आख़िर हो गयी

दुश्मनी ने काट दी सरहद पे अपनी ज़िन्दगी
दोस्ती गुजरात में रह कर मुहाजिर हो गयी

❖

112.

ये दीवाना ज़माने भर की दौलत छोड़ सकता है
मदीने की गली दे दो तो जन्नत छोड़ सकता है

मुसीबत के दिनों में माँ हमेशा साथ रहती है
पयम्बर क्या परेशानी में उम्मत छोड़ सकता है

❖